日本語の格標示と分裂自動詞性

竹内史郎・下地理則 編

Split Intransitivity in Japaneses Focusing on Case Marking

© Shiro TAKEUCHI and Michinori SHIMOJI

First published 2019

All rights reserved. No part of this publication may be reproduced, stored in a retrieval system, or transmitted in any form or by any means, without the prior permission in writing of Kurosio Publishers.

Kurosio Publishers
4-3 Nibancho, Chiyoda-ku, Tokyo 102-0084, Japan

ISBN 978-4-87424-793-8
printed in Japan

はじめに

　本書は、2017年7月2日に行われた、成城大学大学院文学研究科・国立国語研究所共同研究プロジェクト「日本の消滅危機言語・方言の記録とドキュメンテーションの作成」共催、成城学園創立100周年・大学院文学研究科創設50周年記念シンポジウムにおける研究の成果をまとめたものである。
　このシンポジウムは、「私たちの知らない〈日本語〉——琉球・九州・本州の方言と格標示——」と題し、下地理則（九州大学）、新永悠人（国立国語研究所）、坂井美日（国立国語研究所／日本学術振興会特別研究員）、竹内史郎（成城大学）・松丸真大（滋賀大学）の各氏を講演者とし、風間伸次郎（東京外国語大学）、木部暢子（国立国語研究所）の両氏をコメンテータに迎えて行ったものである。専門的な内容であるにもかかわらず多数の一般の方々のご参加があった当日は、今まさに消えつつある言語・文化の保存を促し、そのことが「日本語」の新たな多様性の発見へとつながってゆくことの重要性を示した。さらには、日琉諸語における主語の格標示の振る舞いに分裂自動詞性が散見されること、そしてその振る舞いに取り立て性が関与していること等が明らかとなった。
　このシンポジウムの成果を論集としてまとめるにあたり、コメンテータとして参加された風間伸次郎氏、木部暢子氏にも執筆者に加わっていただくこととなり、またあらたに、佐々木冠氏（立命館大学）にも寄稿をお願いした。こうして本書の体裁と内容が整うこととなった。
　目次にある通り、本書は6つの章からなるが、それぞれの章は完結した論文であるので、ぜひともどこからでも読み進めていただきたい。ただ、本書の第1章から第5章は、そのタイトルからわかるようにテーマが統一されており、なおかつ編集の際、各章の配列に十分配慮したということがある。このため第1章から第5章までを通読されることもぜひおすすめしたい。
　第1章の下地論文は現代日本共通語（口語）における格標示と分裂自動詞性について論じるが、そうであるだけでなく、本書への導入という役割を担っ

ている。以下第 2 章の坂井論文では熊本市方言、第 3 章の竹内・松丸論文では京都市方言、第 4 章の新永論文では沖縄県久高島方言というように、格標示と分裂自動詞性という観点からさまざまな言語における考察が展開されていく。第 5 章の佐々木論文では、本書の第 1 章から第 4 章までを総括し、並びにそれぞれの章にコメントを加える。第 6 章の風間論文は、本書のタイトルが示すところにこだわらず、特別に執筆していただいたものである。飛び抜けて広い視野からの考察が示されているが、本書の各章の内容に深く関わっているのは間違いない。通言語的研究ないし言語類型論の立場から、日琉諸語における情報構造と文形態の関係を記述するためのヒントが示されている。そして、本書は木部暢子氏による「おわりに」で締めくくる。

　本書の内容は、国内での伝統的な日本語研究の流れを汲む者と一般言語学を前提に日本語研究を行う者との対話が基盤となっている。研究者としての出自が異なる者同士がしっかりと対話を行うならば、当然そこにさまざまに可能性を見出し得るはずであるが、このような意味で一つの可能性をここに形にしてお示ししたつもりである。そして編者らは、本書が予想を大きく越えた「日本語の姿」を明らかにしたものであり、また、記述・理論の両面であたらしい日本語文法の研究であると信じている。お読みになった方々には、それぞれに本書の各章を比較対照してお考えをめぐらしていただき、またの機会、ご批判・ご批正等を賜ることができればまことに幸いである。執筆者一同の心からの願いである。

　荻原典子氏の本書の企画に対するご理解と編集の過程における多大なご苦労がなければ、本書がこうして世に出ることはなかったはずである。末筆ではあるが、ここに御礼申し上げたい。なお、本書は JSPS 科学研究費補助金「日本語の分裂自動詞性」（代表 竹内史郎）の研究成果の一部であり、その資金の援助を受けている。

2019 年 1 月
竹内史郎
下地理則

目　次

はじめに i

第1章
現代日本共通語（口語）における主語の格標示と分裂自動詞性
　　　　　　　　　　　　　　　　　　　　　　　　下地理則　1

第2章
熊本市方言の格配列と自動詞分裂 .... 坂井美日　37

第3章
京都市方言における情報構造と文形態
　　――格標示とイントネーション標示による分裂自動詞性
　　　　　　　　　　　　　　　　　　　竹内史郎・松丸真大　67

第4章
沖縄県久高島方言の文法関係と情報構造の関係 ...... 新永悠人　103

第5章
第1～4章へのコメント .... 佐々木冠　129

第6章
語順と情報構造の類型論 .... 風間伸次郎　141

おわりに .... 木部暢子　177
索　引 179
執筆者一覧 183

第1章

現代日本共通語（口語）における主語の格標示と分裂自動詞性

下地理則

1. はじめに

現代日本共通語（以下、共通語）は、主題標示されない環境（例えば中立叙述）において自動詞主語（S）、他動詞主語（A）がガ格を取り、目的語（P）がヲ格を取る対格型となるというのが定説である（角田 1991、佐々木 2006）[1]。しかし、これはフォーマル文体の極にある文語において成り立つ特徴であって、インフォーマル文体の極にあるくだけた口語では、以下のように中立叙述でPが格助詞を伴わないパターンも決して珍しくない。

(1) a. 太郎が外で遊んでる。　　　　　【S：ガ】

---

[1] 正確には、主語や目的語という言語個別的な基準で定義されるカテゴリーと、通言語的比較を意図して使われる概念であるS、A、Pは同一概念ではない（Haspelmath 2011）。AとPは、典型的な他動詞文（動作主（agent）が、直接的な影響を対象（patient）に与えるイベント：「殴る」「折る」など）の取る格フレーム（日本語なら【ガ-ヲ】）および、その格フレームが適用されるほかの非典型他動詞文における2項を表す（Comrie 1981、Andrews 1985）。つまり、日本語では【ガ-ヲ】を取る主語・目的語をA、Pと呼ぶことになる。一方、「（彼に）（金が）要る」などの【ニ-ガ】という格フレームを取る2項も言語個別的な基準から主語・目的語と認定できるが（角田 1991）、これらはA、Pとはみなされない。

b.　太郎が家でごはんφ食べてる。　【A：ガ、P：φ】

　以下、SAPが有形の標示（格標示やとりたて標示）を伴わない状態をハダカと呼ぶことにする。中立叙述では、PだけでなくSがハダカになる場合もよく見られる。主に、以下の3つのタイプに分けられる（詳しくは5節）。

(2)　a.　あ、電車{ガ／φ}来た。　　　【存現文の主語、5.2】
　　　b.　頭{ガ／φ}痛い。　　　　　　【二重主語文の内主語、5.3】
　　　c.　時計{ガ／φ}壊れた。　　　　【無生物・対象的な主語、5.4】

さらに、口語では主題のASがハを取らず頻繁にハダカになる（3節で詳述）。

(3)　a.　俺φ先帰るわ。じゃあな。　　　【S：φ】
　　　b.　俺φ家で飯φ食うわ。じゃあな。　【A、P：φ】

　共通語の格に関する研究において、文語と口語を区別する必要性はかねてから指摘されてきた（金水1996）。口語でハダカが頻出する点については、丹羽（1989）、野田（1996）、黒崎（2003）、風間（2015）など多くの研究もある。しかし、これを格標示の問題にどう位置づけるかについては、まだ議論が進んでいない。角田（2009: 34）は、(3)に見たような、SAPすべてがハダカになる例を中立型としているが、主題主語のハダカと対格助詞なしのハダカをいずれも「格助詞なし」として分析するかどうかは自明の問題ではない。(2)のようなSのハダカを格体系にどう組み込むかという問題もある。
　本稿が特に注意を払うのは(2)と(3)で示したような主語のハダカである。(2)のハダカは「ガの省略」、(3)のハダカは「ハの省略」と一般には考えられ、無関係の現象であると考えられるかもしれない。しかし、これらが言わばコインの裏表の関係にあり、考察する上で不可分の現象であることを実証していく。

2. 主語（AS）の格標示

2.1 これまでの一般的な見方

通常、共通語を含めた日琉諸語の格標示を記述する際、(1) (2) のような非主題主語の文（中立叙述文）が主たる考察対象とされ、主題主語の文は最初から考察の対象とならない。これは、主題標示は主格標示と別レベルであるという前提があるからである（三上 1960、角田 1991、野田 1996 ほか多数）。(3) のような文は、口語における主題標示の問題（丹羽 1989、野田 1996 ほか多数）として議論され、格標示の問題とは別扱いされる。

SAP がハで標示されると、ガやヲによる格標示を置き換える（*ガハ、*ヲハ）。よって、ハとガはパラディグマティックな関係にあると見るのが最もシンプルな分析である[2]。しかし、デハ、カラハなどの例も踏まえ、格標示ととりたて標示を別のカテゴリーとして整理する必要から、例えば以下の (4a)の「親父は」は、(4b) の中立叙述文（久野 1973）を基底とし、それに「は」（主題）がかぶさっていると見る考え方（三上 1960 の「ハの兼務」）が、現在の日本語学では一般的である（風間 2015: 56）。すなわち、ガ+ハ → ハという風に、格ととりたてをシンタグマティックな関係に見ていると言える。

(4) a. 親父は酒を飲んでいる。　【主題主語文：ガ+ハ → ハ】
　　 b. 親父が酒を飲んでいる。　【中立叙述文：ガ】

中立叙述とは、次節で詳しく見るように、命題全体が新情報となる場合、すなわち文焦点になる場合である。上記の考え方によれば、中立叙述文は主語まで含めて文全体が焦点領域内にあるために、主語の主題標示を回避でき、「隠れた」主格標示が現れるという前提がある。本稿ではこの考え方に疑義を呈し、よりシンプルに、ガとハを同じレベルで対立させる分析案を示す。

---

[2] ハ以外にも、モやダケ、シカなど、主要項の格標示を置き換えるとりたて助詞があるが、本稿ではひとまず考察の対象外とする。

2.2 中立叙述の情報構造

　文焦点は、情報構造が前提部と焦点部に分かれておらず、以下の (5) のようにすべて新情報を提示するという文でしか生じないから、実際の談話における出現は限られている。以下の (5) で、焦点領域を下線で示す。

(5)　電話で「何か騒がしいけどどうしたの？」と聞かれて
　　　<u>親父が酒飲んでるんだよ。</u>

　以下の(6)のように、項だけが焦点領域に入っている構造を項焦点と言う。とりわけ主語 (AS) の焦点化は多くの言語で特殊な構文 (焦点構文) を取りやすいことが知られる (Skopeteas and Fanselow 2010)。主語焦点は、これまで総記と呼ばれてきた文タイプに相当する。

(6)　電話で「誰が酒飲んでる？」と聞かれて
　　　<u>親父が</u>酒飲んでる。

　談話において、情報構造的に見て最も頻出する構造は (7) に見る述語焦点構造である。主語は焦点領域外にあり (すなわち主題であり)、それ以外 (他動詞文の場合は P も含む述語部全体) が焦点 (すなわち題述) になっている。

(7)　電話で「親父何してる？」と聞かれて
　　　（親父は）<u>酒飲んでるよ。</u>

　談話において述語焦点が最も高頻度であるという点を実証してみよう。筆者が務める大学の演習 (2016 年度九州大学文学部言語学・応用言語学演習) で、受講学生の日常会話の録音書き起こしデータベースを作成してみたところ、全 206 節のうち、述語焦点構造が 86% を占めた。以下は、データベースから抜粋した、比較的長めのモノローグの部分であり、[ ] に入った項は発話されていないことを示す。全体を通して、ほとんどが (発話されない) 1 人称を主題とした述語焦点になっている。

(8)	a.	今日テストもあって	SV	文焦点
	b.	テスト頑張らないといけない	[A] PV	述語焦点
	c.	と思って	[A][P] V	述語焦点
	d.	テスト勉強を図書館にしに行って	[A] PV	述語焦点
	e.	連絡が取れない	SV	文焦点
	f.	奴がいたから	SV	文焦点
	g.	そいつと連絡を取るために	[A] PV	述語焦点
	h.	めっちゃパソコンでLINEを頑張って	[A] PV	述語焦点
	i.	ずっと勉強して	[S] V	述語焦点
	j.	テスト受けたら	[A] PV	述語焦点
	k.	全然できなくて[3]		述語焦点
	l.	急いでビッグカメラに行ったら	[S] V	述語焦点
	m.	やっぱり交換しなさい	[A][P] V	述語焦点
	n.	って言われたので	[S] V	述語焦点
	o.	明日しようと思って	[A][P] V	述語焦点

3. 主題主語のハダカ

3.1 言語事実

　共通語口語の特徴は、主題主語がハダカになることが極めて一般的であることであり（丹羽1989、野田1996、黒崎2003、風間2015）、むしろハの使用に大きな制限があることである。

　以下のように、代名詞にハを使うと、単なる主題の解釈ではなく対比の解釈が生じる[4]。前者の解釈を求める場合、ハをつけることはできない。

3　AとPは、共通語においては【ガ－ヲ】フレームを取る他動詞文の主語と目的語を指す。この例は【ニ－ガ】フレームであり、APという用語を使うことはできない。しかし、他動詞文であることは確かである。ここでもやはり、主語が出現していない。

4　本稿では詳しく立ち入らないが、主題と対比は別のカテゴリーではないというのが本稿の立場である。対比も主題の諸用法の1つ（contrastive topic; Tomioka 2011）であると見

(9)　今まで講演を一緒に聞いていた聞き手に耳打ちして
　　　俺 {φ／#ハ} 先帰るわ。
(10)　会っていきなり発話して
　　　お前 {φ／#ハ} 太った？

そもそも、上の例の主語は発話されない（ゼロ代名詞化される）ことが普通である。口語における主題標示を考える際、ゼロ代名詞化を主題標示の1つの重要な方法と見なければならない。すでに見た(8)のモノローグにおいて、主題（1人称主語）は徹底してゼロ代名詞である。

もちろん、主題標示としてゼロ代名詞化に頼れない場合もある。発話における新規導入の名詞句を主題に立てる場合である。この場合、主題主語をハダカに置くことが可能であり、またハがつけられない場合もある。

(11)　八百屋で、果物を1つ取って店主に聞く
　　　これ {#ハ／#ガ／φ} いくら？

これらの文のように、聞き手の注意に初めて入ってくる新規導入の現場指示の主題主語においてハが極めて不自然であることはすでに多くの研究で指摘されている（尾上 1996、野田 1996、黒崎 2003）。(9)から(11)の例は、いわゆる「ハもガもつけられない文」の例として知られる（甲斐 1992、大谷 1995、尾上 1996、黒崎 2003）。ガがつけられないのは、これらが主題主語だからである[5]。ハがつけられないのは、ハをつけると対比の解釈が出てしま

る。確かに、対比は単なる主題と違い、焦点領域内にある場合と同じ韻律的特徴を有し (Ishihara 2003)、焦点を表せる（「誰が受かった？」「ケンは受かった（けど、他は不明）」；Tomioka 2011）。この点について、前提 – 焦点のレベルと主題（説明される対象）– 題述（説明内容）のレベルを区別すると、単なる主題は前提に生じ、対比は焦点領域内に生じる、という風に、同じ形態素が異なる情報構造領域に出現することで、異なった解釈を誘発すると言える可能性がある。言うまでもなく、後者（対比）は本稿で言うデフォルト予測（4.1 を参照）に反する。よって、ハによる標示は必須となる。

5　このような「ハもガもつけられない文」の情報構造的な性質を知るうえでは、共通語だけでなく方言に注目することも重要である。筆者の知る九州方言（宮崎県椎葉村方言）や琉球語（南琉球宮古語伊良部島方言）においては、これらの主語は徹底して主題標示される。つまり、これらの文の主語が上記の方言で主題扱いされていることは確実である

うからであるという分析がなされる（黒崎 2003）。

　なお、上記の「ハもガもつけられない文」は、必ずハダカになるわけではない。新規導入の主題のうち、(11) はッテによって主題標示できる。また、以下に見る例は、ハをつけにくい例であるが、ナラによって主題標示することは十分に自然である。

(12)　山田のことを気にかけている聞き手に言う
　　　あいつ {φ／ナラ／#ハ} 外で遊んでるよ。
　　　あいつ {φ／ナラ／#ハ} 家で飯食ってるよ。

　このように、共通語口語の主題標示は、発話しないという方法（ゼロ代名詞化）を基本とし、新規導入せざるを得ない場合はハダカに置くか、その機能に応じて、ッテやナラなどでも標示できる、という風に考えた方が良く、文語に準じて、「ハ」を基本に考えるべきではない。主題は、一般主題（久野 1973）、対比主題（Tomioka 2011）、新規導入の主題など、幾つものサブカテゴリーがあって、それぞれに異なる標示法を持っていると見るべきである。このように考えたとき、ハダカが（ゼロ代名詞化を除き）そのすべてに出現可能である点は重要であり、ハダカに何ら機能がなくデフォルトの状態であると見る本稿の立場を支える根拠となる。

3.2　ハダカの主題主語と従来の解釈の問題点

　中立叙述（文焦点）のガ格標示を基底と見て、そこに主題標示のハがかぶさるという従来の考え方によると、上で見た主題主語がハダカになる例をうまく説明できないのは明らかである。ガが基底に存在する格標識であるとすると、主題はハをつけるという操作（主題標識の付加）か、ガを落とすという操作（主格標示の削除）のいずれかで達成されることになる。しかし、（基底に存在するはずの）主格助詞を落とすことで主題解釈になるとする分析は、い

(Shimoji 2018、下地 2018、本書所収の坂井論文も参照）。よって、あくまで作業仮説としてではあるが、共通語においても、これらの文の主語が主題であると見て分析を進める価値はある。

かにも不自然である。

　そこで、ハダカ自体に主題解釈の機能を見出す研究もある。つまり、ハダカをゼロの形態素（ゼロ助詞）と解釈する立場である。この立場に立つ研究で本稿の分析に関わる重要な研究が加藤（1997）である。加藤は、口語を重視し、ハ・ガとハダカを体系的に見て、かつ情報構造の観点を取り入れた先駆的な研究である。加藤は、ハダカに積極的な「脱焦点化機能」を認める。加藤の分析を以下の (13) に引用する（加藤 1997: 67）。

(13)　ゼロ助詞は脱焦点化機能を有する。脱焦点化機能とは、NP-CM-Pred という形式の文の中で、NP が最重要情報である、すなわち、InfoP (NP) > InfoP (Pred) が成り立つ、と解釈されるのを回避する機能である。従って、NP-ϕ-Pred という文では、情報の重要度は InfoP (NP) ≦ Info P (Pred) と解釈される。

　上記から、加藤の分析においては、NP-CM-Pred、すなわち項が格標示（case-marked、CM）される状況をデフォルトと見ていることは確かであろう。そして、これに対する有標の操作として、格標識を取り去るという操作を想定し、その結果生じるハダカが、脱焦点化された状態であると見る。格が主格であれ対格であれ、それを取り去ることで得られる効果は同じである。すなわち、AS のハダカも、P のハダカも、脱焦点化であるとする。

　脱焦点化された状態は、情報の重要度が InfoP (NP) = InfoP (Pred) の場合、すなわち本稿で言う文焦点の場合、あるいは InfoP (NP) < InfoP (Pred) の場合、すなわち述語焦点の場合である。確かに、この分析によって 3.1 で見た主題主語（述語焦点の主語）のハダカは自然に説明される。しかし、この分析では別の問題が生じてしまう。脱焦点化分析によると、項焦点は確実に InfoP (NP) > InfoP (Pred) であるから、項焦点の場合、脱焦点化の操作が生じない（すなわちハダカにならない）はずであるが、これは言語事実に一致しない。例えば、以下のような WH 疑問の焦点になる A と P を比べた場合、A は確かにハダカになりにくいが、P はハダカが可能か、むしろ自然である。この、焦点化における A と P の格標示の非対称性は多くの研究者に

第1章　現代日本共通語（口語）における主語の格標示と分裂自動詞性 | 9

よって指摘されている（例えば大谷 1995）。

(14) a. 誰｛ガ／？φ｝食べてるの？→親父たち｛ガ／？φ｝食べてるの。
【A 焦点】
b. 何｛ヲ／φ｝食べてるの？→すし｛ヲ／φ｝食べてるの。【P 焦点】

4. ハダカをデフォルトと見る「脱主題化仮説」

これまでの研究の問題点は、端的に言ってガが基底に存在すると想定していることにあると言って良い。この想定は、格助詞を落とすことが文体上許されないフォーマル文体をベースにした発想である。口語では、前節まで見てきたように、主題にも非主題にもハダカが生じうるし、しかも実際に頻繁に生じる。ハダカがこのように正反対の用法を持つ時点で、ハダカに対して何らかの機能を見出すことは困難である。すなわち、ハダカに積極的な意味はないと見るのが、最も理にかなっている。

したがって、本稿では口語においてガを基底に置く根拠はないと考え、ハダカ名詞句を基底（デフォルト）と見る立場を提示する[6]。

4.1 ガの脱主題化機能

2.2 で、口語の談話では述語焦点が圧倒的に高頻度であることを見た。そこで、聞き手の側に、以下のような「デフォルト予測」があると仮定する。

(15) デフォルト予測：
a. 主語は典型的には焦点領域の外にある。

---

[6] ハダカをデフォルトと見る本稿の分析において、SAP については、その主題形式は φ＋ハ→ハと見て、それ以外については φ＋カラ＋ハ→カラハなどのように見る。SAP と付加詞で異なるふるまいをする点については、従来の考え方（ガ＋ハ→ハ、カラ＋ハ→カラハ）でも解決できず、いずれの分析も同じ点について説明が必要となる。すなわち、項（SAP）と付加詞（それ以外）でなぜ主題標示が非対称的なのか、という点である。これについては、格の果たす役割（相互識別機能 vs. 特性標示機能）や情報構造上の役割（主題になりやすい AS vs. 焦点領域に入りやすい P や付加詞）を総合的に考察しなければならないであろう。この問題については稿を改めて論じたい。

b. 述語（P 含む）は焦点領域の中にある。

　口語では述語だけが生じる例が圧倒的多数を占めるが、これが（発話されない主題を伴う）述語焦点であるという分析はデフォルト予測から導かれる。主語が実際に発話される場合、デフォルト予測により、特別な主題標示なしでも、これが主題であるという解釈ができる。

　上記の分析で問題となるのは、主題ではない主語がハダカで置かれるような例（例えば「時計 {ガ／φ} 壊れた」）である。これについては5節で詳しく述べていく。

　共通語口語において、ガが使われる環境は主に3つある。すなわち、文焦点（中立叙述）の主語、項焦点（総記）の主語、ある種の従属節内の主語（連体節や条件節内の主語）である。これらに共通するのは、主語が主題にならないという点であり、すなわちデフォルト予測から逸脱する場合である。

　本稿では、上記の共通点を重視し、ガによる主格標示を、デフォルト予測に逸脱している非主題主語を標示する特殊な操作（脱主題化）であると見る。このように、主格ガに脱主題化の機能を見出す仮説を、今後、脱主題化仮説と呼ぶことにする。

(16)　脱主題化仮説：
　　　主格ガは、主語が主題であるというデフォルト予測からの逸脱を標示する標識である。

　後述するように、項焦点の主語（焦点化あり）は、文焦点の主語（焦点化なし）に比べて、ガがつきやすくなる。よって、主格ガに焦点化の機能を見出す研究は実に多い（久野 1973、Shibatani 1990、野田 1996 ほか多数）。しかし、この現象はガに限ったことではなく、ヲにも、そしてニにも成り立つ（加藤 1997）。したがって、ガに焦点化の機能がある、と考えるべきではない。焦点化されると有形格標示されやすくなるという、格標識の焦点標示の問題として考えるべきである。本稿で主張するガの機能は、あくまで脱主題化である。

デフォルト予測と、デフォルト予測からの逸脱への積極的な標示は通言語的にも成り立つようである。多くの言語において、述語焦点では特別な構文を取らず、主語の最も無標な形と述語の最も無標な形で提示すれば述語焦点の解釈になる（Zimmermann 2016）。

4.2 主格標示と主題標示の関係

ガは、主語であることを標示する格標識であると同時に、主題解釈を回避するための脱主題化標識であるというのが本稿の主張である。すなわち、格ととりたて（情報構造）という2つの異なるカテゴリーを1つの形態素で標示するという分析である。日本語学では、三上以来角田に至るまで、これら2つのカテゴリーを峻別することが強調されてきたが、結局、峻別すべきではない（峻別できない）というのが本稿の主張である。ガとハは、同じレベルで、すなわちパラディグマティックに捉えるべきなのである。

この考え方により、「主語は主題」というデフォルト予測に合致する主題主語がハダカになりやすいことが自然に説明でき、また以下に見るように、デフォルト予測に反する非主題主語がハダカになりにくいことも同時に説明できる。

(17) 【文焦点】「さっきから外見てるけど、どうしたの？」に対して
 a. 俺の友達 {ガ／#φ} 遊んでるんだよ。
 b. 俺の友達 {ガ／#φ} 飯食ってるんだよ。

(18) 【項焦点】
 a. 俺の友達 {ガ／#φ} 遊んでるの。（「誰が遊んでるの？」に対して）
 b. 俺の友達 {ガ／#φ} 飯食ってるの。（「誰が飯食ってるの？」に対して）

(19) 【連体節・条件節内】
 a. ［俺の友達 {ガ／#φ} 遊んでる］とき／［俺の友達 {ガ／#φ} 遊んでたら］教えて。

b.　［俺の友達｛ガ／#φ｝飯食ってる］とき／［俺の友達｛ガ／#φ｝飯食ってたら］教えて。

　デフォルト予測に反する場合にガをつけて非主題であることを明示する、という本稿の分析は、ガによる標示の動機が経済性の原則に基づいていると見る分析である。よって、非主題環境でガを「つけられるか否か」という明確な文法性判断の対象にはならないという見方に立つ[7]。明らかに非主題であることがわかっている場合にガをつけても、それは過剰標示（無駄）であって非文法性（違反）に直結しないからである。逆に、聞き手にとっては非主題であるかどうか紛らわしい場合に、話者がハダカで提示する可能性もあるであろう。しかし、不要なのにガをつけたり、必要なのにガをつけないような場合は、必要なときにガをつける適正な場合に比べて、相対的に少ないであろうと考えられる。

　よって、ガとハダカの容認度を分析するには、条件を整えた例文セットに対して多人数の反応を見て、選好性の違いを見る確率論的（probabilistic）なアプローチが最も適していると考える。そしてこのアプローチこそ、既存の研究がほとんど検討しなかったアプローチなのである。

4.3　本稿で考察する構文

　以降、本稿では、脱主題化仮説を詳しく検証していくが、その際、紙数の制限から、中立叙述文の主節主語（文焦点の主語）に考察対象を絞る。主節で主語が焦点化された文（項焦点の文）や、従属節（連体節や条件節）の主語は考察しない。本節では、考察対象から外すこれらの構文について簡単に述べる。

　連体節や条件節では、主語が主題になることはあり得ないが、主語はそれでもガによって非主題標示されやすいという言語事実がある。通時的には、従属節からガによる格標示が生じたとされるが、主題解釈を避ける必要がない場合でもガが生じやすい理由は共時的な観点からも示すことができる。共

---

[7]　もちろん、脱主題化仮説は、ガの形態素としての機能が脱主題化であると見るわけであるから、主題環境でガをつけることはできない、と見る。主題環境でガが生じないのは文法性判断に関わる問題である。

通語口語はOV型の言語であるために、ある主語が連体節・条件節内の主語であるかどうかは、主語が発話されて述語まで来るまではわからない。よって、文解釈の失敗を回避するために、前もって主語に非主題標示をする動機は十分にある（言わば、従属節の主語に対する非主題標示が接続詞的な機能を果たす）。本稿で扱う主節における非主題標示と比べて、これら従属節内の非主題標示に何か違った傾向があるかについては、稿を改めて論じたい。

　主節主語のうち、項焦点については、焦点化という別の要因が絡み、また焦点化と言っても、WH疑問の焦点や対比焦点など、焦点タイプが一様ではないため、紙数の都合上、本稿では扱わないこととする。以下では簡単に、項の焦点化と格標示の関係を概括する。

　下地（2015）、Shimoji (in press) は、琉球諸語の観察をもとに、以下のような焦点階層（Focus-Marking Hierarchy）を提案している。すなわち、WH疑問文の焦点（WH焦点）が最も焦点標示されにくく、対比文における焦点（対比焦点）が最も焦点標示されやすく、WH疑問文に応える文の焦点（WH応答焦点）はその中間に来る、という階層性である。

(20)　焦点階層：ある言語で、以下の焦点階層の左側ほど形態的な焦点標示の必要性が高まる。
　　　対比 ＞ WH応答 ＞ WH

　この階層は、琉球諸語の焦点標識（ドゥ）の使用に関する方言差を説明するために提案したものであるが、共通語口語を始め本土方言の格標識の使用に関しても適用可能であることがわかって来た（下地2017）。共通語口語のガとヲは、この階層の左ほど有形格標示の可能性が高まる。以下は、九州大学に在学する男女100人の日本語母語話者に対して、(21)〜(23)に示すような例文セットのそれぞれに対し、有形とハダカのいずれが自然かを問うた調査の結果である。対比とWH応答の差は目立たないが、ガもヲも、階層に沿って有形標示を自然とする割合が漸増しているのがわかる。

(21) 対比焦点
　　a. 「飲んだのって次郎だっけ？」に対して
　　　　「違うよ、太郎 {ガ／φ} 飲んだの。」【A 焦点】
　　b. 「飲んだのって水だっけ？」に対して
　　　　「違うよ、ビール {ヲ／φ} 飲んだの。」【P 焦点】
(22) WH 応答焦点
　　a. (23a) に対する答えとして「太郎 {ガ／φ} 飲んだの。」【A 焦点】
　　b. (23b) に対する答えとして「ビール {ヲ／φ} 飲んだの。」【P 焦点】
(23) WH 焦点
　　a. 「誰 {ガ／φ} ビール飲んだの？」【A 焦点】
　　b. 「何 {ヲ／φ} 飲んだの？」【P 焦点】

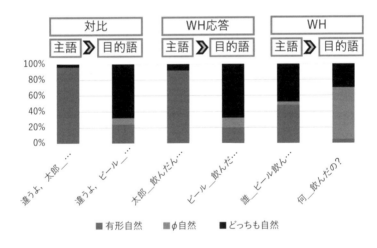

図 1　共通語口語の有形格標示・ハダカの割合と焦点タイプ

　共通語口語以外に目を移すと、例えば青森県野辺地方言でも、焦点階層に沿った主格標示が見られる。この方言では、多くの東北方言と同様、主語は通常ハダカのままであり、共通語口語でガが生じるべき環境でもその傾向に

ある(以下、野辺地方言のデータはすべて筆者によるフィールドデータ)。

(24) a. デ{*ガ／φ} アソンデルノ?「誰が遊んでるの?」【WH焦点】
b. オトット{#ガ／φ} アソンデル。「弟が遊んでる。」【WH応答焦点】
c. イモトデナクテ オトット{ガ／φ} アソンデル。「妹じゃなくて弟が遊んでる。」【対比焦点】

(25) デ アソンデルノ?「誰が遊んでるの?」
オトットガ アソンデル。「(兄弟のうち)弟が遊んでる。」

(24b)のようなWH応答文において、主格ガは第一回答ではまず生じない。あえてガをつけて発話する場合、(25)のように、単なるWH疑問文の解釈ではなく、対比の解釈が加わる。すなわち、「(AさんとBさんのうち)誰が遊んでるの?」のような解釈になる。焦点階層をもとに分析すると、野辺地方言におけるガは、対比焦点の場合に初めて使うことができる、と一般化できる。

5. 文焦点環境の考察

5.1 デフォルト予測と文焦点になりやすい文

(17)〜(19)のように、非主題主語が概してハダカになりにくいのは確かであるが、(2a–c)で見たように、ある種の非主題主語は比較的ハダカが生じやすい。この事実は、すでに多くの研究で指摘されている(丹羽1989、影山1993、野田1996、丸山1996など多数)。このうち、影山(1993)は本稿がのちに扱う分裂自動詞性の問題と関係する重要な先行研究であり、7節で詳しく述べる。

ところで、脱主題化仮説の基盤にあるデフォルト予測(15)は「主語は<u>典型的には焦点領域の外にある。</u>」である。言い換えれば、主語であっても、その語彙的・構文的な性質により、主題になりにくい非典型的な場合もある。以下では、このような非典型的な主語の例を検討する。(2a–c)の主語は

まさにその例であると見る。これらはもともと主題になりにくいことが普通であり、よってこれらが非主題として生じる場合、ガによる脱主題化は不要である、という論を以下で行う。つまり、デフォルト予測に合致する主題のハダカも、主題になりにくいことが明確な非主題名詞句のハダカも、同じメカニズム（標示の経済性）で説明できる、という主張である。

5.2 存現文

まず、述語動詞の語彙的な性質により、文焦点構造を予測できる場合がある。出現・発生・消滅など、存在の認識局面を表す述語は、出来事の認識局面を表すという語彙的な特徴から、主語を前提（主題）に置いてコメントを付け加えるという通常の構造（述語焦点構造）を取るよりも、主語の出現や発生を1つの認識イベントとして、すなわち主語も述語も1つの新情報として提示することに使われやすいため、文全体が新情報になりやすい。すなわち、以下のような構文（Sは主語）を見ると、文焦点構造である（主語が非主題になっている）ことがまず予測される。

(26)　S {ない、いる、消えた、来た、出た、できてる、見える、etc.}
 a.　あ、財布 {ガ／φ} ない！
 b.　ねえ、見て。猫 {ガ／φ} いるよ。
 c.　あーあ、データ {ガ／φ} 消えちゃった。
 d.　やばい、先生 {ガ／φ} 来た。
 e.　やばい、血 {ガ／φ} 出た。
 f.　へえ、こんなとこに喫茶店 {ガ／φ} できてる。
 g.　向こうに駅 {ガ／φ} 見える。

実際、(26) のような述語の文は、存現文・現象文・thetic な文と呼ばれ、文焦点になりやすい、あるいは文焦点に固定された文であるとされる（Lambrecht 2000、風間 2015）。天候文（「虹 {φ／が} 出てる」「雨 {φ／が} 降ってきた」

など)も、このサブタイプと見て良いであろう[8]。

　存現文の場合、Sが主題として機能しないであろうことは述語動詞から予測可能であり、これが実際に文焦点のS(非主題)として出現する際、Sをあえて脱主題化標示する必要性は低くなると予想される。その結果、ハダカの例が認められるようになると筆者は考える。

(27) a.　あ、電車{ガ／φ}来たよ。
　　　b.　あ、火{ガ／φ}消えちゃった。
　　　c.　あ、電池{ガ／φ}きれた。

　これらは、ハダカの主題主語の例として発話する場合との区別が重要である。(27)のような非主題主語のハダカ(従来の研究で言うところの「ガの省略」)と、それと外形は全く同じ主題主語のハダカ(「ハの省略」)とでは、イントネーションが異なる点に注意されたい。例えば(27a)で、友人と電車を待っている文脈で、不意によそ見をした友人に対して発話すれば、それは電車を主題に置いたハダカ主題主語の文(新規導入主題の例)になるが、この場合、イントネーションは述語焦点のそれと同じになる。すなわち、述語初頭の /ki/ でひときわ高いピッチが生じ、新たなイントネーション句が形成される。一方、ここで述べている文焦点の文脈(例えば、踏切を渡っていて、電車がもうすぐ来ることに気づかない相手に注意する場合)では、「電車」のほうにイントネーション句のピッチのピークが来る。

5.3　二重主語文

　構文上の特徴から、その情報構造が予測しやすい文もある。その代表的な

---

[8] 方言文法全国地図(GAJ)の1番「雨が降ってきた」と3番「どろぼうが入った」を比べると、前者でハダカが見られる地域でも、後者になると主格標示しか見られなくなる、という現象が、東北を除く多くの地域で見られる(東北に関して、筆者が実際に調査した青森県野辺地方言ではいずれの例でもハダカしか許容されない)。Shimoji (2018) は、ASの格標示がほぼ必須の沖縄本島諸方言で、存現文、とりわけ天候文のSがハダカになりやすい現象を指摘している。逆に、存現文でハダカを許容せず、非存現文でハダカを許容する地域は全く見られない。上記を踏まえると、ハダカ主語を許容する構文として、存現文＞非存現文という序列が成り立つ可能性がある。

例は二重主語文（尾上・木村・西村 1998）である。二重主語文は、その構文特性上、外主語は主題になりやすく、内主語は主題になりにくい。なぜなら、この構文は定義上、ある主題(外主語)について、内主語を含む全体を述語部として述べる構文だからである。「おなか{ガ／φ}痛い」のように、外主語を欠く構造((俺は)おなか痛い)もよく見られるが、これは外主語(主題)がゼロ代名詞化されることで生じ、見かけ上は文焦点と変わらないが、実際は述語焦点である。

　外主語が主題、内主語が非主題となる(すなわち述語焦点の)二重主語文では、外主語はデフォルト予測に合致し、内主語もデフォルト予測に合致するから、以下の(28)のように外主語も内主語もハダカになることがよくある（加藤 1997: 62–64 など）。

(28)　俺φさっきからおなかφ痛いんだよね。
　　　東大φ意外と女子φ多いね。　　　　　　　　　（加藤 1997: 63）
　　　フランス語φ発音φ難しいよ。　　　　　　　　（加藤 1997: 63）

5.4　無生・対象主語のハダカ

　上記に見た2つの場合以外にも、主語が非主題でハダカになりやすい場合がある。以下の2つの例文を対照されたい。

(29)　「外を眺めてるけどどうしたの？」という問いかけに対して
　　　太郎{ガ／#φ}出て行っちゃったんだよ。【有生・動作主】
(30)　「悲しい顔してるけどどうしたの？」
　　　時計{ガ／φ}壊れちゃったんだよ。【無生・対象】

　筆者の内省では、無生かつ対象のSのほうが、有生かつ動作主のSよりもハダカを許容しやすいと感じる。有生・動作主Sと無生・対象Sとで、ガの選好性に関して際立った差が生じるかどうか、以下の例文セットを用いて検証してみたい。

(31) a.　外見たら酔っ払い{ガ／φ}自転車倒してたんだよ。【A・有生・

動作主】
b. 外見たら酔っ払い{ガ／φ}騒いでたんだよ。【S・有生・動作主】
c. 外見たら酔っ払い{ガ／φ}倒れてたんだよ。【S・有生・対象】
d. 崖見たら岩{ガ／φ}転がってきたんだよ。【S・無生・動作主】
e. 外見たら自転車{ガ／φ}倒れてたんだよ。【S・無生・対象】

　上記の例文セットは、他動性（S or A）、有生性（有生 or 無生）、動作主性（動作主 or 対象）の可能な組み合わせ 2 × 2 × 2 = 8 通りのうち、不適格な組み合わせを除いた 5 通りの例文セットである。不適格な 3 通りは、「A は動作主である」という定義から見てありえない組み合わせの対象 A（有生・無生の 2 通り）と、共通語口語でそもそも容認されにくい無生 A である。(31d) に示す無生・動作主的な S について、これは無生であるために当然意志を欠くが、それ自体の動きがあってイベントの主体（instigator, Dowty 1991）である点で、(31e) に比べれば動作主的であると言える。

　ガの取りやすさに関して有生性だけが効いているのであれば、(31a–c) vs. (31de) でガの選好割合が明確に分かれるはずであり、動作主性だけが効いているのであれば、(31abd) vs. (31ce) でガの選好割合が明確に分かれるはずである。以下に、表 1 の 100 人（4.3 の被験者 100 人（図 1）と同じ）の被験者に対して行った容認度調査の結果を示す。

表 1　非対格・非能格動詞の S の格標示（中立叙述）

	A or S	有生性	動作主性	ガ自然	φ自然	両方自然
(31a)	A	有生	動作主	**87%**	0%	13%
(31b)	S	有生	動作主	**83%**	7%	10%
(31c)	S	有生	対象	**67%**	7%	26%
(31d)	S	無生	動作主	**52%**	15%	33%
(31e)	S	無生	対象	**33%**	38%	29%

　ガを自然とする話者に注目すると、有生・動作主 A と有生・動作主 S だけが、80% 以上で突出して高い。このうち、A のほうが S よりもガを自然

とする割合が高く、しかもハダカを自然とする割合がゼロになっている。以下では、他動性の違いを動作主性のスケールに取り込み、A＞動作主 S＞対象 S という風に解釈する。

　無生・動作主 S である（31d）は 52％であり、有生・対象 S（31c）よりも容認度が低い点に注意されたい。すなわち、動作主か対象かよりも有生か無生かのほうが強く効いている。では、有生性だけが関与的かと言えばそうでもない。いずれも有生 S である（31bc）と、いずれも無生 S である（31de）では違いがあるから、有生性だけでも説明できない。

　上記の事実から、共通語口語の主格について、ガの取りやすさは有生性と動作主性によって大きく変動し、しかも、ある文について、「義務的にガを取るか」あるいは「義務的にハダカになるか」という二者択一の問題ではなく、程度問題として解釈すべきであることがわかる。また、S についての結果を見ると、動作主性よりも有生性のほうがより強く関与している。

6. 脱主題化仮説からの説明

6.1　内在的主題性

　表 1 から明らかなように、文焦点環境におけるガによる格標示に関して、有生性、動作主性のいずれも関与的であることは確実である。有生性・動作主性は、名詞句が主題として解釈される可能性の高低に大きく関与することで知られる。どのような主語も、談話の文脈によって主題になる可能性はあると言えるが、有生性階層（有生＞無生）と意味的階層（動作主＞経験者＞対象）の上位にある主語は、そうではない主語に比べて主題になりやすいと言われる（Givón 1979、Siewierska 1984、Croft 1991、Payne 1997）。このような、実際の談話に生じる前の段階で名詞句自体が持つ潜在的な主題性を内在的主題性と呼ぶことにしよう。

　ほかの条件が同じならば、内在的主題性が高い有生・動作主の主語は（聞き手に提示する際に）主題として解釈されやすく、内在的主題性が低い無

生・対象の主語は主題として解釈されにくいと言える。存現文や二重主語文のような構文特徴も、実際の談話における運用以前の段階で（すなわち構文特徴だけで）、当該構文の主語（二重主語文の場合は内主語）が主題ではないことを予測させることに寄与する。この考え方をもとにすると、5節で見た存現文のS、二重主語文のS（内主語）、無生・対象Sのハダカのメカニズムが統一的に説明できそうである。すなわち、これらの主語は、「主題になりにくいS」である、と一般化できる。これらが非主題主語になるとき、それは予測どおりであり、あえて脱主題化の必要はなく、ハダカで提示可能となる。

6.2　脱主題化仮説が予測しないこと

脱主題化仮説によれば、主題性が高い名詞句がデフォルト予測に反して主題にならない場合に、脱主題標識としての主格ガを取りやすくなり、逆に主題性の低い名詞句が主題にならない場合には、脱主題標識としてのガを取る必要性は低くなるはずである。この予測は、少なくとも文焦点環境に関しては実証された（5.4、表1）。

一方、脱主題化仮説は、主語が主題になる場合に関して、主題性に応じて主題標識の取りやすさが変わることを予測する仮説ではない。すなわち、主題性の高い有生・動作主の主語と比較して、主題性の低い無生・対象主語が主題になる場合に、主題標識としてのハを取りやすくなる、と予測しているわけではない。以下に見るように、内在的主題性が最も高い有生・動作主Aと無生・対象Sを比べると、むしろ無生・対象Sのほうがハダカになりやすいことがわかる。

(32)　「太郎に会いにきたんだけど」に対して
　　　太郎 {ハ／φ} 本読んでるよ。【有生・動作主 A】
(33)　「時計取りにきたんだけど」
　　　時計 {ハ／φ} 壊れちゃったよ。【無生・対象 S】

表2 主題と有生性・動作主性(表1の調査と同じ100人を被験者とする)

	A or S	有生性	動作主性	ハ自然	φ自然	両方自然
(32)	A	有生	動作主	**54%**	25%	21%
(33)	S	無生	対象	**23%**	57%	20%

なお、(32)、(33)の場合、主語は発話されない(ゼロ代名詞化される)方が普通であり、このように主題性の高低に関わらずゼロ代名詞化という主題標示法に依存できるという事実は極めて重要である。つまり、主題であることを積極的に標示する方法は、名詞句をなくすことであって、必ずしも助詞による標示ではない。これに対して、主題ではないことを標示する唯一の方法は、出現した当該名詞句に助詞を付与する(脱主題化する)ことである。まずこの点から、主題化と脱主題化を等列に扱うことができないことがわかる。

さらに、非主題の諸用法(焦点すなわち総記の主語、焦点領域内すなわち中立叙述の主語、連体節内や条件節内の主語)は、一括して「非主題」としてガによる標示が可能であるのに対し、主題は、3.1で見たように、その諸用法に応じて異なる標示があることに注意しなければならない。すなわち、非主題=ガという図式が成り立つのに対して、主題=ハという図式は成り立たない。(32)、(33)は、ナラを使うことができる。このナラは、聞き手が新規に導入した主題を引き継ぐ際に使われる。

6.3　ここまでのまとめ

共通語口語の主格標示と主題標示、そしてそのいずれの標示も欠くハダカは、脱主題化仮説を軸に統一的に考えることができるようになる。まず、主語が主題になる場合、すなわち述語焦点の場合は、以下の(34)のようにSAPすべてハダカになることも可能であり、すなわち中立型が成立しうる。

(34) 俺φ先帰るわ。【Sハダカ】
　　 俺φ昨日お前φ見たよ。【APハダカ】

述語焦点でASがハを取る場合について、ハの背後にガが隠れているとい

う考え方（ガ＋ハ → ハ）では、AS が基底でガを取る、という記述になる。しかし、この分析に問題があることは、ハダカの主題主語の分析（3節）で見た通りである。本稿が提示した代替案では、主格ガは格カテゴリーと情報構造カテゴリーにまたがる形態素であって、主格標示に加えて非主題標示の機能を有する。

　文焦点（中立叙述）の場合、A および主題性の高い S はガによる主格標示（すなわち非主題標示）が自然で、主題性の低い S はハダカが自然か、少なくとも主題性の高い S に比べてハダカの許容度が高い。主題性は程度問題であり、ガのつきやすさには連続性があることは表 1 で示した通りである。表 1 で示したように、話者の内省から明確にガのつきやすさが違うものを、強引に解釈してガを基本に置くことは言語事実に反する。本稿では、脱主題化仮説に基づいて、ハダカを基本に、脱主題化標識としてのガのつきやすさが、主題性によって異なると見て、表 1 のような状況を解釈した。

7.　非対格仮説からの分析

　5.4 において、文焦点環境では、無生・対象の S が有生・動作主 S よりもハダカになりやすい点を見た。そして、ガの取りやすさに関して有生性と動作主性がいずれも関与的であることを実証した。有生性・動作主性は内在的主題性を左右する要因であるから、無生・対象 S がハダカになりやすいという現象を、他の場合（存現文、二重主語文）と同様、ガによる脱主題標示の必要性が下がる現象である、と一般化した。

　無生・対象の非主題 S が有生・動作主 S よりもハダカになりやすい現象については、影山（1993）の非対格性に関する議論がよく知られる。影山によると、非対格動詞（意味役割として対象 S を取る動詞）の S はハダカを容認するが、A および非能格動詞の S（本稿の動作主 S 相当、意志自動詞の S）はハダカを容認しないと言う。この観察と、P がハダカを取りやすいという別の観察を統合し、非対格性の観点から説明を試みている。

　非対格仮説は、非能格動詞は動作主を取る自動詞であり他動詞と同様の統

語的位置に生じ、非対格動詞は対象 S を取る自動詞で、P と同じ統語的位置に生じる、という統語論的な仮説である (Perlmutter 1978)。影山 (1993) は、まず P が A よりも格助詞が「省略」されやすい点に着目し、さらに S に関して、格助詞ガの「省略」の生じやすさに違いがあることを論じた。S の格助詞の「省略」は非対格動詞の主語で可能だが、非能格動詞の主語では不可能であると結論づけている。

(35) 非能格動詞の主語（下線）：影山によるとガ「省略」不可
 a. ?*[子供達 騒ぐ]の見たことない。
 b. ?*[患者 あばれた]の知ってますか？
 c. ?*[田中君 仕事する]の見たことない。
 d. *テレビで [中核派 デモする]の見たよ。
 e. *[教え子 活躍する]のを見るのは楽しい。

(36) 非対格動詞の主語（下線）：影山によるとガ「省略」可
 a. [顔にご飯粒 付いている]の知ってる？
 b. [交通事故 起こる]ところ見たことある？
 c. あの子供、[何度で お湯 沸く]か知らない。
 d. [田中さん 亡くなった]の知らなかった。
 e. テレビのニュースで [タンカー 沈没する]ところ見たよ。
 f. 昨日、[火山 爆発する]の見たよ。

以下に、非対格仮説に基づく主格助詞ガの「省略」の分析について、問題点を挙げつつ、本稿の立場との違いを明確にしたい。なお、影山は、非主題環境として従属節内を考察しているため、本稿で対象とする主節文焦点環境の議論にはそのまま適用できない。しかし、非対格仮説に基づく影山の分析は節タイプを超えて成り立つはずである（実際、影山は節タイプの違いについて異なる予測をしてはいない）。よって、以下では、主節の文焦点環境も考察対象にしながら議論を進める。

　まず、影山の分析は、提示する例の容認性判断に対する異論が多い（例えば高見・久野 2006）。すなわち、言語事実を説明できていない部分がある。

この点について、影山も、それに対する異論も、この現象を文法性の問題（ハダカが可能かを明確に問える問題）として考えている点では同じである。すでに述べたように、本稿ではこれを確率論的な問題と見る。実際、主節の環境ではあるが、表1の結果（以下の表3に再掲）を見ると、Aから無生・対象S（非対格S）にかけて、ガの許容度は漸減し、ハダカの許容度は漸増している。影山の一般化によると、Aと非能格Sがハダカを許容しないはずであるが、今回のデータに関する限り、ハダカを「許容しない」話者は一人もいない。Aについては、ハダカだけを「自然」とする割合がゼロであるが、ガとハダカを「両方自然」とする話者が13%いる。

表3 非対格・非能格動詞のSの格標示（中立叙述）（表1の再掲）

	A or S	有生性	動作主性	ガ自然	φ自然	両方自然
(31a)	A	有生	動作主	**87%**	0%	13%
(31b)	S	有生	動作主	**83%**	7%	10%
(31c)	S	有生	対象	**67%**	7%	26%
(31d)	S	無生	動作主	**52%**	15%	33%
(31e)	S	無生	対象	**33%**	38%	29%

　第2点目に、非対格動詞と非能格動詞の区別で重要な点は、その動詞の主語が動作主的であるかどうか（特に意志性があるかどうか）である。影山の分析は、Aと非能格Sはハダカを許容せず、非対格Sがハダカになる、というものである。影山が挙げる非能格S（35）はすべて有生であり、非対格S（36）の大半が無生であることを考慮すると、有生性（有生 vs. 無生）と動作主性のいずれがハダカの要因となっているのかが問題となるであろう。5.4で見たように、そして表2からも明らかなように、少なくとも主節環境では有生性も動作主性も両方関与しており、非対格性（動作主性）だけで説明することはできない。

　第3点目に、影山の分析は、Pのハダカと非対格Sのハダカを等列に扱う点が特徴的である。確かに、これらはハダカを許容する点で共通するが、

「許容できるか否か」で言うなら、非能格 S（例えば表 1（表 3）の (31b)）でも同じである。ハダカの許容度は相対的な問題であって、そう考えたとき、影山の分析からは、非対格 S と P において同じ程度ハダカが許容される、と予測される。しかし、言語事実はこれと異なる。以下の例を、表 1 の調査と同じ被験者 100 人に対して示し、有形格標示とハダカの容認度を調べた結果を表 4 に示す。

(37)　悲しい顔してどうしたの？
　　　実は、時計 {ガ／φ} 壊れちゃったんだよ。【非対格 S】
　　　実は、時計 {ヲ／φ} 壊しちゃったんだよ。【P】

表 4　(37) の例文ペアの提示の結果

	有形自然	φ自然	どちらも OK
時計 {ヲ／φ} 壊しちゃったんだよ	12%	65%	23%
時計 {ガ／φ} 壊れちゃったんだよ	48%	8%	44%

この結果からもわかるように、共通語口語の P は S と大きく異なり、ハダカに傾きやすい。なお、図 1 で示した通り、最も有形標示にバイアスがかかる対比焦点の場合であっても、P の有形標示を自然とする割合は 20% 程度にしかならないという別の結果も、この事実に矛盾しない（いずれのデータも、同じ被験者 100 人を対象にしている点に注意）。

最後に、影山の分析と本稿の分析の理論的な相違点は、非対格 S が A と非能格に比べてなぜハダカに傾くか、という点に対する説明力である[9]。非対格仮説に基づく場合、非対格 S と P が類似した統語的振る舞いをする、という主張になるが、なぜこの振る舞いが「省略」という形で現れるかを説明できない。理論的には、A と非能格 S vs. 非対格 S の振る舞いの違いとして、後者においてより有形標示が生じやすい（「省略」されにくい）という結果で現れたとしても不思議ではないはずである。一方、6 節で見たように、

9　この点については中川奈津子氏 (p.c.) にご指摘いただいた。

非対格 S（内在的主題性の低い主語）が非能格 S や A（内在的主題性の高い主語）よりもハダカに傾く点は、本稿の脱主題化仮説で直接説明できる。

8. 分裂自動詞性の観点から共通語口語の格標示を検討する

5.4 において、S の格標示が、ガによる有形格標示とハダカとで変動し、その要因の 1 つに、動作主か否かが大きく関与していることが明らかとなった。ここでは、5.4 で検討した問題、すなわち、無生・対象が有生・動作主よりもガを取りにくいという問題に焦点をあて、分裂自動詞性の観点から検討する。

8.1 分裂自動詞性の観点から共通語口語の格標示を検討する

典型的な他動詞文において、その主語（A）は意志的行為を行う人間の動作主であり、目的語（P）は意志を持たず行為の影響を受け、状態変化を被る無生物の対象である（Comrie 1989、角田 1991）。一方、典型的な自動詞文を設定することは難しい。出来事の唯一項としての S は、出来事を引き起こす主体（動作主）にもなりうるし、出来事に巻き込まれる対象にもなりうるからである。このように、S は、出来事を描く述語動詞の意味に応じて、動作主的な（すなわち A により近い）性質を持つ S から対象的な（すなわち P により近い）S まで幅を持って分布する。例えば、日本語において、「太郎が踊る」の S は動作主的であり、「太郎が倒れる」や「花瓶が割れる」の S は対象的である。

南琉球与那国語（下地 2016b）では、文焦点環境において、A は常に =*nga* という格助詞（共通語口語のガと同根形式）で標示される。S のうち、「歩く」「動く」「泳ぐ」などの一群の述語の S もまた、同様に常に =*nga* で格標示されるという文法的な振る舞いがある。別の一群の S（「割れる」「落ちる」「壊れる」などの S）は決して =*nga* を取らず、常にハダカで標示され、これは P の格標示（常にハダカ）と同じである。このように、与那国語では、文焦点という環境では、S が 2 つの離散的なグループ（カテゴリー）に区分される。す

なわち、S は、常に =nga を取る S_A カテゴリー（「歩く」「動く」「泳ぐ」などの主語）と、P と同じく常にハダカの S_P カテゴリー（「割れる」「落ちる」「壊れる」などの主語）に分裂していると考えることができる。それ以外の膨大な数の S は、S_A カテゴリーと同じ振る舞いをする場合もあれば、S_P カテゴリーと同じ振る舞いをする場合もある（すなわち、=nga を取ったり取らなかったりする）。これらは、S_A か S_P かのカテゴリー化がなされていない「その他」の S であるとも言える。詳しくは下地（2016b）を参照されたい。

8.2　分裂自動詞性と分裂自動詞型

　動作主性に幅があって等質ではない S が、与那国語のように明確に 2 つの離散的なグループ（S_A と S_P）にカテゴリー化され、S の格標示が分裂する場合、本稿では、格配列パターンの一種として、分裂自動詞型という表現を使う。これに対し、共通語口語の主語標示と同様、動作主性（と有生性）に応じて主語の格標示が変動し、S の中で動作主 S と対象 S とでガの取りやすさが大きく異なるものの、「ガしか取らない場合」や「ハダカしか認められない場合」に明確に分裂せず、したがって S に明確なカテゴリー化（ガしか取らない S_A vs. ハダカしか認められない S_P）が認められない場合もある（5.4、表 1）。この場合、与那国語のような事例と同じように考えることはできない。

　そこで本稿では、混乱を避けるため、与那国語のように、S_A vs. S_P というカテゴリー化が見られる「分裂自動詞型」（split intransitive alignment）と、共通語口語のガの取りやすさの度合いの違いに見られるような、程度問題としての概念である「分裂自動詞性」（split intransitivity）を区別して用いたい。これらはレベルの違う概念である。分裂自動詞性は、「S の格標示が変動しうる性質」であり、S の動作主性が非均一であるという通言語的な要因をもとにしている以上、様々な言語に、様々な程度見られるであろうと思われる。しかし、S の格標示が 2 つの明確なパターンに収斂し、S_A と S_P という 2 つのカテゴリー化に至ったとき、いわば分裂自動詞性が文法システムに組み込まれたとき、それは格配列パターンとして分裂自動詞型を有する、と言える。与那国語はそのような言語である。

共通語口語は、主格ガが生じうる非主題環境において、どのようなSであれガによる標示を許す[10]という意味で、格配列パターンとしての分裂自動詞型を有するとまでは言えない。共通語口語では、ガの取りやすさが100%（ガが義務的）や0%（ハダカが義務的）の状況を見出すことができないのである。しかし、Sが完全に等質ではなく、すなわち常にガを取るということも言えず、動作主性と有生性によってガの取りやすさが変動するという意味で、分裂自動詞性は間違いなく見られる。

8.3　日琉諸語の分裂自動詞性と動作主性・有生性

ある方言に分裂自動詞型を認めるためには、与那国語を例に見たようなカテゴリー化が見られるのに加えて、Sの格標示が純粋に意味（動作主性）に基づいて分裂していることが必要である。その際、Sの格標示の決め手が、動作主性と密接に関連している有生性とは独立していることを確かに示す必要があるとされてきた（佐々木 2006、角田 2009）。

端的に言って、動作主性（ここでは単純化して動作主か対象の2パターン）と有生性（有生か否かの2パターン）の組み合わせ合計4パターンのうち、「動作主かつ有生」の場合に主語が格標示 x（例：ガ）を取り、「対象かつ無生」の場合に格標示 y（例：ハダカ）を取るような場合には、格標示の分裂の要因がいずれかはわからない（表5）。そこで、「対象かつ有生」（例「死ぬ」「疲れる」のS）および「動作主かつ無生」（日琉諸語ではこの例を見つけるのが難しいが、例えば無生物他動詞文「弾が帽子を貫いた」のA、無生物の動作動詞「（岩が）転がる」などのS）を調べ、それぞれの場合にどの格を取るのかを調べて初めて、いずれの要因によって格標示が決まっているかがわかる。

---

[10] すでに3.2で述べたように、本稿では「ハもガも使えない文」の主語は主題主語であると見る。

表5　ある言語の格標示の分布

	有生	無生
A／動作主S	x	
対象S		y

表6　動作主性による格標示の分裂

	有生	無生
A／動作主S	x	x
対象S	y	y

表7　有生性による格標示の分裂

	有生	無生
A／動作主S	x	y
対象S	x	y

　なお、上記の議論に代名詞は含めていない。代名詞主語の文を文焦点の環境に統制することが原理的に難しいからである。すなわち、非主題の代名詞は主語焦点（総記）解釈になりやすい。4.3で述べたように、共通語口語を含む日琉諸語全般では、焦点化されると有形格標示が促されるため、文焦点環境の主語よりもガで標示されやすくなることが予測される。これは明確な分裂自動詞型を持つすべての方言（与那国語、京都市方言、九州方言）で確認できる（下地2016b、本書所収の竹内・松丸論文、坂井論文）。例えば与那国語では、代名詞の場合は動作主性によらず義務的に=ngaを取る。すなわち、この言語では名詞句階層上位（代名詞）で対格型、下位（非代名詞）で分裂自動詞型となって、格配列が分裂するのである（下地2016b）。

8.4　クロス階層モデル

　日琉諸語のガ系の主格標示を考える上では、表5、6、7のように、動作主性を1つの次元（縦方向の動作主性階層）に取り、有生性（横方向の有生性階層）を別次元にとって、この2つの次元をクロスさせた「クロス階層」を想

定すると整理しやすい(下地 2017)。なお、後述するように、日琉諸語の主格標示に関しては、同じ動作主でも、他動性の違いによって(すなわち A と S で)違いが出やすいことから、以下では動作主性の次元を A、動作主 S、対象 S に 3 分割する。

主語の格標示に関して動作主性だけが効いているなら表 6 のような分布を示し、有生性だけが効いているなら表 7 のような分布を示すことになる。しかし、これらのような、理論的に想定される極端なパターンを示す方言よりも、いずれの要因も効いている方言のほうが多いと考えられる。例えば、与那国語では、以下の表 8 に示すように、無生の動作主 S(例えば mjaran (=nga) mari hitan「鞠が転がって行った」)は有生の動作主 S(例えば ttu=nga aiti hjun「人が歩いて行った」)よりも =nga を取りにくい(下地 2016b)。

表 8　与那国語の格標示(G：=nga)[11]

	有生	無生
A	G	G
動作主 S (S_A)	G	G
その他	(G)	(G)
対象 S (S_P)		

共通語口語を含む多くの方言は、有生性の要因がより強く関与し、動作主性の要因と拮抗状態になる。すなわち、ガ系が左上から右下にかけて分布するパターンを見せる。以下は、宮崎県椎葉村尾前方言(下地 2016a)の主格標示の分布パターンである。この方言は、他の多くの九州方言と同様、主格標識に 2 種(ガとノ)があるが、ガはクロス階層左上から右下にかけて分布していることがわかる。

---

[11]　8.1 で述べたように、与那国語では、=nga で標示されるのが義務的な S_A を取る動詞も、ハダカになるのが義務的な S_P を取る動詞も少ない。それ以外の膨大な動詞はいずれにもカテゴリー化されていない。表 8 には、これら「その他」は (G) としているが、概して有生のほうが無生に比べて =nga を取りやすい。

表9　椎葉村尾前方言の格標示（G：=ga、N：=no）

	有生			無生
	固有・親族	人間	動物	
A	G	G	G	G
動作主 S	G	GN	N	N
対象 S	G	N	N	N

　共通語口語に関しては、5.4で見たように、有生性・動作主性のいずれも効いているのは確かであるが、動作主性よりも有生性のほうが効いており、有生かつ対象の組み合わせのほうが、無生かつ動作主の組み合わせよりもガを自然と判断する割合は高い（表1）。表1をもとに、クロス階層に数値を記入していくと以下のようになる。無生Aはデータがないので、黒く塗りつぶしている。ガを自然とする割合が80％以上を最も濃く塗り、以下、60〜80％、40％〜60％、0〜40％の順に色を薄く標示している。

表10　クロス階層と共通語口語のガの分布（数字はガを自然とする％）

	有生	無生
A	87	
動作主 S	83	52
対象 S	67	33

9. 結びに変えて：通方言的な観点から見たクロス階層と分裂自動詞性

　クロス階層における2つの要因（有生性と動作主性）をもとにすると、8.3の表5、6、7で見たように、文焦点環境における主格標示について3つの分布パターンを演繹的に想定できる。すなわち、その分布に関して動作主性だけが効く動作主性指向型、有生性だけが効く有生性指向型、そして、これらのいずれも完全に均衡して効いている均衡型の3つである。共通語口語は、この類型にしたがえば、均衡型からやや有生性指向型に近づいた、均衡型の亜種と位置づけることができよう。

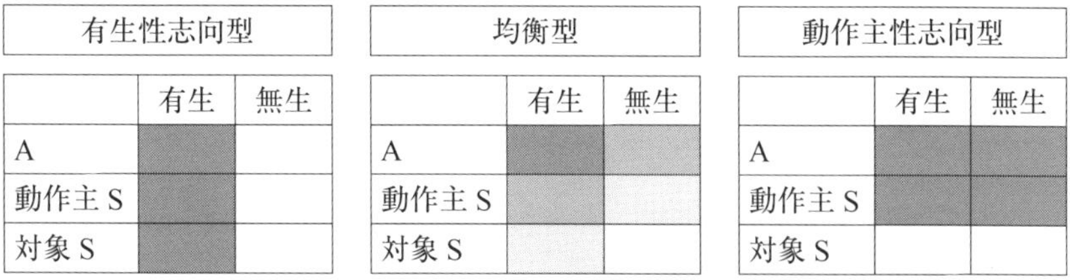

有生性志向型			均衡型			動作主性志向型		
	有生	無生		有生	無生		有生	無生
A			A			A		
動作主 S			動作主 S			動作主 S		
対象 S			対象 S			対象 S		

図2　クロス階層モデルと主格標識の分布の類型化（試案）

　主格標識のクロス階層上の分布パターンに関する上記の共時的分類（類型）は、通時的な観点からは、変化の様相として捉えることができる。日琉諸語で散発的に見られる分裂自動詞型の方言は、すべて A/S_A をガ系で標示するという共通点があるが、これは自明のことではなく、説明が必要である。日琉諸語に見られる主節の主格標識ガが、共通語口語と同様、もともと脱主題化の機能を持っていたとすれば、これがクロス階層の左上隅に分布することは説明可能である。

　脱主題化に関わる2要因（有生性と動作主性）がいずれも均衡して効いている均衡型のガの分布からは、それ以外の2つのパターンへの変化が容易に説明できる点も重要である。すなわち、均衡が崩れ、動作主性がより明確にカテゴリー化され、Sが S_A と S_P に分裂するような言語（動作主性志向型）が生じうることが予測される。一方、クロス階層における有生性のほうがより強く効くようになると、有生であればガを取る、というような言語（有生性志向型）も生じうる。有生性志向型の典型のような方言は、主格に2種ある琉球諸語や九州方言に集中して見られる。ガが有生（かつ人間）を、ノやヌがそれ以外を表す一般傾向がある（Shimoji 2018）。

　しかし、九州・琉球に関しては、上記のような説明では困難な部分がある。脱主題化仮説では、ガが及ばない領域はハダカであるという前提があるが、九州方言や琉球語の場合、主格標示はガとハダカの対立ではなく、ガ系 vs. ノ系（琉球の場合ヌ）であって、しかも、多くの方言ではここにハダカが介在しないのである（本書所収の坂井論文参照）。ただし、少なくとも琉球諸語のうち北琉球、とりわけ沖縄語では、ハダカはよく生じ、それはクロス階

層の右下から分布することが明らかになっている（Shimoji 2018）。逆に、ガは常に左上から分布する。問題はヌの分布パターンである。下地（2015）は、『おもろさうし』のデータを検討した結果、かつての沖縄語のヌの分布について、ガとハダカほど明確な分布特徴を示さないことを指摘した上で、これが現在ではハダカの領域に侵入しつつあることを述べている。つまり、ガ vs. ハダカの分布予測モデルとしてのクロス階層を想定した上で、ヌがのちにハダカの領域に侵出していった可能性を指摘する。

　クロス階層モデルを用いて、九州・琉球のノ系の分布をどう解釈するかは、上述の仮説の検証とともに、重要な研究課題であろう。

付記
　本稿の研究は、科研費若手B「琉球諸方言における焦点標示に関する基礎的研究」（代表：下地理則、16K16843）および基盤C「日本語の分裂自動詞性」（代表：竹内史郎、26370549）の助成を受けている。

参照文献

Andrews, Avery (1985) The major functions of the noun phrase. In: Timothy Shopen (ed.) *Language typology and syntactic description, Volume I: Clause structure*, 62–154. Cambridge: Cambridge University Press.

Comrie, Bernard (1981) *Language universals and linguistic typology.* Chicago: University of Chicago Press.

Comrie, Bernard (1989) *Language universals and linguistic typology.* 2nd ed. Chicago: University of Chicago Press.

Croft, William (1991) *Typology and universals.* Cambridge: Cambridge University Press.

Dowty, David (1991) Thematic proto-roles and argument selection. *Language* 67: 547–619.

Givón, Talmy (1979) *On understanding grammar.* New York: Academic Press.

Haspelmath, Martin (2011) On S, A, P, T, and R as comparative concepts for alignment typology. *Linguistic Typology* 15(3): 535–567.

Ishihara, Shin-ichiro (2003) *Intonation and interface conditions.* Doctoral Dissertation, MIT.

影山太郎（1993）『文法と語形成』東京：ひつじ書房．
甲斐ますみ（1992）「話者が「は」「が」なし文を発するとき」『KSL』12: 99–108．
加藤重広（1997）「ゼロ助詞の談話機能と文法機能」『富山大学人文学部紀要』27:

19–82.

風間伸次郎（2015）「日本語（話しことば）は従属部標示型の言語なのか？」『国立国語研究所論集』9: 51–80.

金水敏（1996）「歴史的にみた「格助詞」の機能」認知科学学会第 13 回大会ワークショップ「日本語における助詞の脱落を巡って」ハンドアウト.

久野暲（1973）『日本文法研究』東京：大修館書店.

黒崎佐仁子（2003）「無助詞文の分類と段階性」『早稲田大学日本語教育研究』2: 77–93.

Lambrecht, Knud（2000）When subjects behave like objects: An analysis of the merging of S and O in sentence-focus constructions across languages. *Studies in Language* 24(3): 611–682.

丸山直子（1996）「話しことばにおける無助詞格成分」認知科学学会第 13 回大会ワークショップ「日本語における助詞の脱落を巡って」ハンドアウト.

三上章（1960）『象ハ鼻ガ長イ：日本文法入門』東京：くろしお出版.

丹羽哲也（1989）「無助詞格の機能主題と格と語順 一」『国語国文』58(10): 38–57.

野田尚史（1996）『「は」と「が」』東京：くろしお出版.

大谷博美（1995）「ハとヲとφ：を格の助詞の省略」宮島達夫・仁田義雄（編）『日本語類義表現の文法（上）単文編』62–66. 東京：くろしお出版.

尾上圭介（1996）「主語に「は」も「が」も使えない文」認知科学学会第 13 回大会ワークショップ「日本語における助詞の脱落を巡って」ハンドアウト.

尾上圭介・木村秀樹・西村義樹（1998）「二重主語とその周辺」『言語』27 (11): 90–108.

Payne, Thomas（1997）*Describing morphosyntax*. Cambridge: Cambridge University Press.

Perlmutter, David M.（1978）Impersonal passives and the unaccusative hypothesis. *Proceedings of the fourth annual meeting of the berkeley linguistics society*, 157–189. Berkeley Linguistics Society, University of California, Berkeley.

佐々木冠（2006）「格」小林隆（編）『方言学 2　方言の文法』1–46. 東京：岩波書店.

Shibatani, Masayoshi（1990）*The languages of Japan*. Cambridge: Cambridge University Press.

下地理則（2015）「琉球諸方言における有標主格と分裂自動詞性」『方言の研究』1: 33–50.

下地理則（2016a）「格体系記述の中間報告」下地理則・小川晋史・新永悠人・平塚雄亮・坂井美日（編）『宮崎県椎葉村尾前方言：簡易語彙集と文法概説』国立国語研究所.

下地理則（2016b）「南琉球与那国語における自動詞主語の格標示」田窪行則・ホイットマン ジョン・平子達也（編）『琉球諸語と古代日本語：日琉祖語の再建に

むけて』173–207. 東京：くろしお出版.
下地理則（2017）「日琉諸語における焦点化と格標示」コーパス合同シンポジウム「コーパスに見る日本語のバリエーション：助詞のすがた」3月9日、国立国語研究所.
下地理則（2018）『南琉球宮古語伊良部島方言』東京：くろしお出版.
Shimoji, Michinori (2018) Dialects. In: Yoko Hasegawa (ed.) *Cambridge handbook of Japanese linguistics*, 87–113. Cambridge: Cambridge University Press.
Shimoji, Michinori (in press) Information structure, focus and Focus-Marking Hierarchies in Ryukyuan languages. *Gengo kenkyu* 154.
Siewierska, Anna (1984) *The Passive: A comparative linguistic analysis.* London: Croom Helm.
Skopeteas, Stravros and Gisbert Fanselow (2010) Focus types and argument asymmetries: A cross-linguistic study in language production. In: Carsten Breul and Edward Göbbel (eds.) *Comparative and contrastive studies of information structure*, 169–198. Amsterdam: John Benjamins.
高見健一・久野暲（2006）『日本語機能的構文研究』東京：大修館書店.
Tomioka, Satoshi (2011) Contrastive topics operate on speech acts. In: Malte Zimmermann and Caroline Féry (eds.) *Information structure: Theoretical, typological and experimental perspectives*, 115–138. Oxford University Press: Oxford.
角田太作（1991）『世界の言語と日本語：言語類型論から見た日本語』東京：くろしお出版.
角田太作（2009）『世界の言語と日本語：言語類型論から見た日本語 改訂版』東京：くろしお出版.
Zimmermann, Malte (2016) Predicate Focus. In: C. Féry and S. Ishihara (eds.) *Handbook of information structure*, 314–335. Oxford: Oxford University Press.

第2章
熊本市方言の格配列と自動詞分裂

坂井美日

1. はじめに

熊本市方言には伝統的に、目的語標示1種「バ」(1)、主語標示2種「ガ」「ノ(／ン)」(以下「ガ系」「ノ系」)がある(2)。

(1)　目的語：つぼ<u>バ</u>たおした。「壺を倒した。」
(2)　主語：a. K <u>ガ</u> たおした。「K が倒した。」(個人名はイニシャル) ガ系
　　　　　b. ねこ <u>ノ</u> うまれた。「猫が生まれた。」ノ系

本稿は、これら熊本市方言の中心格(目的語と主語の格)について、高齢層のデータと若年層のデータを扱いながら、現在進行中の変化の中で、自動詞分裂現象が起こっているということを述べる。本稿の要点は、次の通り。

a.　伝統的なハダカ制限
　　高齢層の伝統的な体系では、有形標示を省くこと(以下「ハダカ」と称し「φ」で表す)を許容しない。(例えば(1)(2)を、「つぼφたおした」「Kφたおした」「ねこφうまれた」とすると非文判断。) 標準日

本口語等には、格標示がハダカでないといけない環境があるが(3.1.1、
　　　3.1.2)、熊本市高齢層は、それに該当する場合ですら、有形標示する。
　b. 伝統的に動作主性で使い分けられるガとノ
　　　高齢層の体系は、ハダカ制限がかかる中で、主語標示2種を動作主
　性によって使い分ける。
　c. 変化と自動詞分裂現象
　　　高齢層に「自動詞分裂現象」は見られないが、高齢層の体系をベー
　　　スとした変化により、若年層に、自動詞分裂現象が生じる。本稿で
　　　は、次の2つのパターンを示す。
c-1. ガ系とノ系の拮抗 (若年層A)
　　　ガ系とノ系の関係を、動作主性に沿って変化させたことにより、自
　　　動詞分裂現象を起こしている。
c-2. 有形とハダカの拮抗 (若年層B)
　　　有形とハダカの関係を、動作主性に沿って変化させたことにより、
　　　自動詞分裂現象を起こしている。

　高齢層・若年層A・若年層Bの対照から、本稿は、熊本市方言の自動詞分裂現象について、格配列が動作主性を基軸として変化した中で生じたものと位置付ける。また、熊本市方言の自動詞分裂現象と、日本語の通方言的な自動詞分裂現象との関連を考察し、本書所収の下地論文が提案する「脱主題化仮説」の適応についても検討する。

　本稿の構成は、2節で熊本市方言の概要と典拠を述べ、3節で高齢層の格配列を示す。4節で若年層の格配列を示し、5節で通方言的な考察をおこなう。

2. 本稿のデータ

2.1 熊本市方言

　本稿の対象は、熊本県熊本市の方言である。熊本県は九州の中央部に位置

し、熊本市はその西北部にある。熊本県の方言は、東条操の九州3区画（肥筑・豊日・薩隅）でいうと肥筑方言に属する。県内の方言は、これも区画の観点から、北部・南部・東部に分けられる（秋山・吉岡1991等）[1]。本稿が対象とする熊本市は、北部に属し、典型的な肥筑方言の特徴を有する。平成29年10月現在の熊本市の人口は約74万人、若年層を含め方言を使うが、世代差が大きい。筆者の調査経験によると、熊本市方言の伝統的特徴（無アクセント、可能表現形式の使い分け、逆使役等）は、若年層世代で体系を大きくかえていたり、あるいは全く使われなかったりと、変化が著しい。本稿が対象とする格も、そのような変化の中にあると考えられる。

2.2 本稿の典拠

本稿は熊本市の高齢層1名のデータと、若年層2名のデータを扱う。
　高齢層：昭和10生まれ。若年層ABの祖母。
　若年層A：昭和61生まれ。筆者本人。高齢層話者の孫。若年層Bの姉。
　若年層B：平成1生まれ。高齢層話者の孫。若年層Aの妹。
若年層Aは、上述のように筆者本人であり、データは内省記述に基づく。高齢層および若年層Bのデータは、面接調査に基づく。なお、若年層Aと若年層Bは異なる体系を持つが、年齢差3歳の実の姉妹という点から考えて、その異なりは「変化」（世代差）とは捉えにくく、同世代の「バリエーション」と捉える。それでは以下、高齢層データから示す。

3. 高齢層の格配列

3.1 高齢層の体系における有形とハダカ

本節ではまず、熊本市高齢層が、中心格（主語と目的語の格）のハダカを

---

[1] 秋山・吉岡（1991）によると、「県北部方言と県南部方言とを、宇都半島かその南の氷川あたりを境にして南北に分ける」（p. 165）とされ、それを基本として「更に東部方言としての阿蘇方言など」（p. 165）が分けられるとされる。

許容しないことを示す(以下、「ハダカ制限」)。本書他章が示すように、標準日本口語をはじめ、与那国語、久高島方言、関西方言等、多くの日琉諸語・諸方言は、中心格をハダカ標示にすることがある。このハダカ標示については、従来ランダムな有形標示の省略と考えられがちであったが、本書所収の下地論文、新永論文等により、ハダカ標示が文法的なものであるということが示された。一方、熊本市方言の伝統的な体系では、以下に示すように、そもそもハダカ標示を許容しないのである。

3.1.1 主語とハダカ（高齢層）

高齢層は、主語のハダカを許容しない。例えば、先の (2) の主語標示を、次の (2′) のようにハダカにすると、非常に不自然であると判断される。

(2′) a. *Kφたおした。「Kが倒した。」
b. *ねこφうまれた。「猫が生まれた。」

主語のハダカ制限は非常に強固であり、いわゆる「ハもガも使えない文」ですら、ハダカを許容しない。「ハもガも使えない文」とは、尾上(1987)以来、主に標準日本口語研究の中で議論されるもので、その名の通り、「ハ」も「ガ」も使えない、ハダカしか許容しない構文である。尾上(1987)の例文に基づくと、例えば (3) のようなものである。ハサミを探す際、他者に対して唐突に(ハサミの話題を一切共有していない状況で)ハサミの有無を尋ねる時、標準日本口語では「*ハサミ<u>ハ</u>ある？」とも「*ハサミ<u>ガ</u>ある？」ともいえず、(3) のようにハダカにしかならない。

(3) 　　ハサミφある？（標準日本口語）

上記の現象に対する分析は複数あるが、尾上氏の主張の概要は、「ハ」や「ガ」の選択で生じる談話効果を避けるため、ハダカにせざるをえないというものである。あるいは大谷(1995b)は、田窪(1990)の「初期値」(「対話の際に前もって準備しておく共有知識」)という概念を用いながら「初期値の確認のためにφの形式をとる」と述べる。また、加藤(1997)の記述によると、

大場（1994）は、焦点や主題性、人称制限等に着目しながら、ハダカが選択される条件に3タイプあることを指摘している。大場（1994）の3分類の概要を、加藤（1997）を参考にまとめると、おおよそ次のようなものである。
1. 描写的な文焦点（大場氏「描写文」）であるが、「ハ」を使うと述語焦点（大場氏「題述」）、「ガ」を使うと主語焦点の解釈が生じる場合。
2. 意図としては述語焦点だが、「ハ」を付けると対比の解釈、「ガ」を付けると文焦点の解釈が生じてしまう場合。
3. 人称制限がある等、主語を出す必要が無い文で、あえて主語を明示する場合。

1の例としては、次の (4a) が挙げられている。これは描写的な発話という設定だが、「ハ」を付けると「きれいだ」に焦点、「ガ」を付けると「この花」に焦点があるように解釈されてしまう。2の例としては、(4b) が挙げられている。述語焦点の設定であるが、「ハ」を付けると、「冷たいビール」と他の飲物の対比（冷たいビールはあるけど他は無い等）という解釈、「ガ」を付けると、冷たいビールの存在を単に描写する解釈になりうる。1と2は、これら意図しない解釈を避けるため、ハダカにせざるをえないということである。また3については、例えば(4c)が挙げられる。「〜したい」の主語は、通常一人称であるため、主語をわざわざいう必要が無い。その中であえて主語が出てくる場合、通常出ない主語に対しては、標示の付けようが無く、ハダカにせざるをえないとの分析である。これら3分類には多少の問題も指摘されるが（加藤1997）、(4a–c)の主語標示がハダカになるというのは標準日本口語の事実である。

(4) a. 【描写としての発話】この花ϕきれいだね。
　　b. 冷たいビールϕあります。
　　c. 私ϕ転職したい。

さて、熊本市高齢層に、(3)(4) の条件に該当する例文を尋ねたところ、いずれもハダカを許容しないという回答であった。

(3′)　【唐突に】はさみ {ワ／*φ} ある？「ハサミはある？」
(4′) a.　【描写】こんはな {ワ／*φ} うつくしかねー。
　　　　「この花は美しいね。」
　　 b.　つめたかビール {ワ／*φ} ひえとるよ[2]。
　　　　「冷たいビールは冷えているよ。」
　　 c.　わたし {ワ／*φ} ひっこそごたったい。「私は引っ越したい。」

　これらは、標準日本口語では、ハダカ標示でなければならない条件下であるが、熊本市高齢層は、この条件ですらハダカを受け入れない。熊本市高齢層の体系には、主語をハダカにしてはいけないという強い制限があると考えられる。このハダカ制限は、程度の差はあれ、目的語標示にも見られる。

3.1.2　目的語とハダカ（高齢層）

　熊本市の伝統的な体系において、ハダカ制限は、目的語にも及ぶ。
　標準日本口語や諸方言では、目的語がハダカ標示になることが多々あり、その条件としては主に、2つの要因が指摘されている。1つは目的語名詞句の有生性の高低、もう1つは語順（隣接性）である。下地（2016b）をもとにそれぞれの概要を述べると、まず、有生性については後述（9）に示すように、その高低は一般に、上位から（人称代名詞 >>）親族・固有名詞 >> 人間普通名詞 >> 動物 >> 無生物と整理される。この有性性の観点から目的語標示を観察する際、「絶対的有生性」と「相対的有生性」の2つの観点が提案されている。「絶対的有生性」とは、単に目的語名詞句の有生性が上位か下位かというものである。これが効く方言では、目的語の有生性が下位であるほどハダカになりやすいと報告される。また「相対的有生性」は、主語名詞句と目的語名詞句の有生性を相対的に見て、目的語が上位か下位かというものである。これが効く方言では、目的語が相対的に下位である場合（「順行」）、ハダカになりやすいと報告される。

2　方言例文は、厳密には「冷たいビール」が「冷える」というトートロジーが含まれるが、話者の発話をそのままに記載した。（調査では、場面設定を説明した上で、「冷たいビールあります」を方言にするとどうなるかと質問している。）

ここで、熊本市高齢層の体系を観察すると、絶対的有生性、相対的有生性に関係無く、ハダカを許容しないようである。次の (5) は、熊本市高齢層の回答であるが、まず絶対的有生性の観点から見ると、(5a) の目的語は最下層の無生、(5b) の目的語は名詞の中で最上位の固有名詞である。いずれも目的語標示「バ」が必須であり、絶対的有生性に関係無く、ハダカを選択しないことが分かる。次に、相対的有生性の観点から見ると、(5a) は目的語 (無生物) が主語 (人間普通) に比べ下位である (「順行」)。(5b) は目的語 (人間固有) が、主語 (動物) に比べ上位である (「逆行」)。いずれも「バ」が必須で、順行逆行に関係無く、ハダカを許容しないことが分かる。

(5) a. ともだちワそと {バ／*φ} みよるよ。
      「友達は外を見ているよ。」〈絶対：無生／相対：順行〉
    b. うちのいぬワたろー {バ／*φ} みよるよ。
      「うちの犬は太郎を見ているよ。」〈絶対：有生／相対：逆行〉

続いて、語順 (隣接性) について、標準日本口語や一部方言では、述部に隣接する目的語は、ハダカ標示になりやすい。これは他動詞文の一般語順がAPVであるため、述部直前に目的語がくる場合は、語順でそれが目的語であることが同定されやすく、よってマーカーがいらないためと分析される。ここで熊本市高齢層の回答を見ると、次の (6) のように、語順がAPVであっても、PAVであっても、目的語標示をハダカにしないことが分かる。

(6)   APV：K がつほ {バ／*φ} たおした。「K が壺を倒した。」
      PAV：つほ {バ／*φ} K がたおした。「壺を K が倒した。」

このように、標準日本口語や他方言でハダカになる条件下であっても、熊本市方言の伝統的な体系では、ハダカを許容しにくい傾向が窺える。

ただし、目的語標示のハダカ制限は、主語標示ほど強くないようである。実は、いわゆる「ハもヲも使えない文」(大谷1995a、加藤1997等) の条件下では、(あくまでも有形が優勢であるが) ハダカも許容できるとのことである。「ハもヲも使えない文」は、標準日本口語の観察において指摘されてきたもの

であるが、加藤（1997）等によると、目的語と述語の情報が等価である時、つまり目的語に焦点があたってはいけない時には、目的語がハダカになるとのことである。例として、帰ってきたばかりの子供に、母親がごはんを食べるかを尋ねる場合が挙げられている。標準口語では「ねぇ、ごはんφ食べる？」となり、「ねぇ、ごはん{は／を}食べる？」とはならない。これは、述部の情報（「食べる」）と、目的語の情報（食べるならごはんである）が等価であるべき文であるが、「ハ」を付けると述語焦点の解釈、「ヲ」を付けると目的語焦点の解釈が生じてしまうため、それを避けるために、ハダカにするとの分析である。

このような「ハもヲも使えない文」に該当するものを、熊本市高齢層に調査すると、回答は(7)のようであった。あくまでも基本は有形の「ワ」「バ」のいずれかを付ける。その上で、ハダカも許容するとのことである。

(7)　ごはん{ワ／バ／△φ}たぶっとね？
　　「ごはん{は／を／φ}食べるのか？」

先述のように、主語では徹底的にハダカを許容しなかったが、目的語では一部ハダカを許容する。この点については、下地（2017）、本書所収の下地論文にいうところの「有標主格言語」（主語と目的語があった時、主語の方をより有形標示する）の傾向であり、この現象自体、通言語的に希少であるため、注目に値するところである。ただ、本節で強調したいのは、「ハもヲも使えない文」ですら、基本は有形標示というところである（ハダカは「許容」する程度）。主語標示のハダカ制限ほどでは無いにせよ、目的語標示においても、強いハダカ制限がかかっているといえる。

3.1.3　高齢層の有形とハダカの小まとめ

ここまでをまとめると、(8)のようになる。

(8)　熊本市方言高齢層の有形標示とハダカ標示（中心格）
　　a.　主語：ハダカは、徹底的に不可。標準日本口語でいうところの「ハもガも使えない文」においても、ハダカを許容しない。

b. 目的語：ハダカは、ほぼ不可。標準日本口語でいうところの「ハもヲも使えない文」でのみ、ハダカが現れうるが、それも許容程度で、基本は有形である。

　さて、上述のように、中心格に強いハダカ制限がかかるとすれば、その格配列（中心格の標示が織り成す体系）は、有形のみで構成されることになる。そうすると、次に注目されるのは、非主題主語の有形標示2種、ガ系とノ系の使い分けである。以下、この2種の使い分けについて記述する。

3.2　主語標示の有形 vs 有形—ガ系とノ系と動作主性—[3]

　本節では、主語標示ガ系とノ系の使い分けについて、構文環境を揃え（3.2.1.1）、格配列の枠組み（3.2.1.2）で捉えることによって、この2種が動作主性に応じているということを示す。まず、観察の方針を述べる。

3.2.1　観察の方針
3.2.1.1　観察対象とする構文環境
　格の様相は、構文環境によって異なることが多々あるため（Harris 1990）、ここでは構文環境を絞って検証する。本稿では、より典型的な格配列を見る目的から、①主節、②中立叙述（非焦点・非主題）、③主語非尊敬、④アスペクト接辞（ヨルトル）無しを満たすものを対象とし、便宜的にこの環境下の配列を「基本配列」と称す。

　なお、中立叙述とは、情報構造的に見れば文全体が新情報である文焦点に相当するものである。中立叙述の確認としては、調査文を「どうしたの？」等の返答の形にすることで、文全体に焦点があたるようにした。

3.2.1.2　観察の枠組み
　格配列の整理にあたっては、坂井（2013ab, 2018）と同様、1. 有生性階層

---

[3] なお、本節のデータは、坂井（2018）の「S10」のデータと重なるところが多い（S10 = 本稿の高齢層話者と同一）。

と、2. 他動性の階層を掛け合わせた階層（以下「クロス階層」）を用いる。

　有生性階層は、Silverstein（1976）以来、通言語的に、格の諸現象を観察する上で有効とされる（角田 2009 等）。諸研究の成果を通じ（Dixon 1979、角田 2009 等）、一般に、(9) のようにまとめられる。

(9)　有生性階層
　　　（人称代名詞 >>）親族・固有名詞 >> 人間普通名詞 >> 動物 >> 無生物

なお、階層最上位の代名詞については、名詞と性質が異なる面が多々あることから、本稿では一旦保留とし、名詞層のみを扱う。
　この有生性階層の捉え方は複数あるが（Dixon 1979 等）、Silverstein 自身は、動作主として機能しやすい度合い（左ほど高い）として提示している。
　他動性階層とは、他動詞文の主語なのか目的語なのか、自動詞文の主語なのか、という観点による階層である。他動詞は、「壊す」「殺す」等、他に影響を与える動作の主体（主語）と、その影響を受ける対象（目的語）の二項を有する動詞、自動詞は、他との影響関係が無い動作や状態の主体（主語）の一項を有する動詞である。そして、本稿では、自動詞を意志性の観点から、更に 2 つに分ける。これは、後述する分裂自動詞性の観察に有効だからであるが、一つは、「逃げる」「登る」等、意志的な動作の意志自動詞、もう一つは、「倒れる」「ある」等、主体の意志によらない出来事や状態を表す非意志動詞である。以下、他動詞文主語を A、意志自動詞文主語を Sa、非意志自動詞文主語を Sp、他動詞文目的語を P と表記する。これら四者については、動作主性の観点から連続的なものと捉える立場が多くある（Hopper and Thompson 1980、角田 2009、下地 2016a 等）。動作主の原形に近いものから並べ、他動性階層は一般に (10) のように整理される。

(10)　他動性階層：A>>Sa>>Sp>>P

　当然動作主の原型にあたるのは、他に影響を与える動作主 A である。更に動作主性を程度問題と捉え、S と P を連続体の中に位置付けると、次に動

作主の原型に近いのは、他に影響を与えるわけでは無いが意志的な動作をする主体であるSa、次に、他者からの影響は受けないが、意志的な動作をするわけでも無いイベントの経験者Sp、最下層は、他者から影響を受けるだけで主体性が無いPである。

　上述の有生性階層と他動性の階層を掛け合わせた階層を、本稿ではクロス階層と称し、観察に用いる。有生性階層も、他動性階層も、動作主性に換言できることから、上位層の掛け合わせほど、動作主性が高いと見ることができる。

3.2.1.3　中心格標示の概要

　上記枠組みを使うにあたり、基本配列下の中心格の概要を述べておく。

　先述のように、熊本市方言における、伝統的な目的語標示は「バ」である。なお、流入形と考えられる「オ」とも自由交替でき、その使用頻度は世代によって大まかに、高齢層が「バ」優勢、若年層が「オ」優勢という傾向にある。これは標準語化に伴う差と考えられる。

(11)　つぼ{バ／オ}わった。「壺を割った。」

　上記の目的語標示2形式が自由交替の関係にあるのに対し、主語標示2形式のガ系ノ系には、使い分けが認められる。その詳細は次節に述べるとし、ここでは概要のみを述べておくと、ガ系とノ系には、容認度の面で違いがある。ノ系には、明らかに使えない場合があり、その判断は「拒絶」と「自然」(方言文脈ではノ系を使う)に分かれる[4]。一方ガ系は、主語標示として拒絶されることが無い(標準語の主語標示「ガ」の影響も考えられる)。この容認度の違いにより、話者の判断は、次表の2つに分かれる。

4　ノ系の使用範囲は、地域・世代によって異なりうるため、話者によっては、2択ではっきり割りきれないと回答される場合もある(「自分はいわないため不自然だが、他の地域や世代の人がいうのを聞いたことがあるためか、拒絶まではしない」といった回答)。よって前稿までには、各話者の回答を踏まえ、「ノ」の判断に「微妙」という段階を加えた3段階で表記したものもあるが、本稿の調査結果については、2段階(自然／拒絶)で十分であったため、今回は2段階の方針をとる。

表1　ガ系とノ系の判断2パターンと本稿の表記

判断	例文の表記	表の表記
ガ系のみ許容。（ノ系の使用を拒絶。）	{ガ／*ノ（またはン）}	ガ
ノ系が自然。（ただし、ガ系を拒絶するわけでは無い。）	{ガ／ノ（またはン）}	ノ(ガ)

なお「ノ」(/no/) は、環境を問わず、母音脱落により「ン」(/n/) で現れうる（撥音の後でも可能「hon=n（本の）」）。

3.2.2　高齢層の格配列とガノ分布

まず、高齢層のクロス階層を示すと、次の通りである。

表2　熊本市高齢層の基本配列

熊本市高齢層	親族・固有	人間普通	動物	無生物
A	ガ			
Sa	ノ(ガ)	ノ(ガ)	ノ(ガ)	ノ(ガ)
Sp				
P	バ／オ	バ／オ	バ／オ	バ／オ

　表から視覚的に分かるように、上位層の掛け合わせではガ系しか使えず、下位層の掛け合わせではノ系を使えるといった分布である。以下、具体例を挙げながら記述する。
　まず、主語が親族・固有名詞の場合、Aではノ系を拒絶し、Sではノ系を自然に使用する。(12)は、固有名詞「K」（息子の名前）が主語の例である。「K」が他動詞「倒す」の主語Aとなる場合はノ系を拒絶し、一方、意志自動詞「出て行く」、非意志自動詞「倒れる」の主語となる場合は、ノ系が自然である。なお、他動詞文は、主語と目的語を入れ替えたPAVでもAVでも、ノ系を拒絶するという判断はかわらない（以下、他動詞例文の横に「語順入れ替え同」と表記）。

（12）固有
　　　　A：K ｛ガ／*ノ｝つぼバたおした。（語順入れ替え同）
　　　　　　「K が壺を倒した。」
　　　　Sa：K ｛ガ／ノ｝でていった。「K が出て行った。」
　　　　Sp：K ｛ガ／ノ｝たおれた。「K が倒れた。」

　主語が人間普通名詞以下になると、A でも S でも、ノ系が自然と判断される。他動詞文は先述のように、語順を入れ替えても判断はかわらない。

（13）人間普通
　　　　A：がくせい ｛ガ／ノ｝ガラスバわったったい。（語順入れ替え同）
　　　　　　「学生がガラスを割ったんだよ。」
　　　　Sa：がくせい ｛ガ／ノ｝あばれたったい。「学生が暴れたんだよ。」
　　　　Sp：がくせい ｛ガ／ノ｝たおれたったい。「学生が倒れたんだよ。」
（14）動物
　　　　A：ねこ ｛ガ／ノ｝いぬバひっかいたったい。（語順入れ替え同）
　　　　　　「猫が犬をひっかいたんだよ。」
　　　　Sa：こねこ ｛ガ／ノ｝にげたったい。「子猫が逃げたんだよ。」
　　　　Sp：こねこ ｛ガ／ノ｝しんでもうたったい。
　　　　　　「子猫が死んでしまったのよ。」
（15）無生物
　　　　A：や ｛ガ／ノ｝どまんなかバうちぬいた。（語順入れ替え同）
　　　　　　「矢がど真ん中を打ち抜いた。」
　　　　Sa：たいふー ｛ガ／ノ｝きたね。「台風が来たね。」
　　　　Sp：はな ｛ガ／ノ｝かれたね。「花が枯れたね。」

　ガ系とノ系の分布は、表 2 を見て分かるように、ランダムでは無く、階層に沿っている。その様相を、動作主性（3.2.1.2）で捉えなおすと、上位層の掛け合わせで、動作主性が高いと解釈される親族・固有名詞の A 層では、ガ系しか許容せず、それ以下はノ系を使えるという分布である。ここから、ガ

系とノ系は、動作主性の高低に応じているものと考えられる。

高齢層の体系を、ハダカを含めてまとめると、次節の通りである。

3.3 高齢層の格配列のまとめ

高齢層の体系についてまとめると、(16) のように記述できる。

(16) 　熊本市方言高齢層の伝統的な基本配列
  a. 　中心格の標示は、基本的にハダカを許容しない。
  b. 　ガ系とノ系は、動作主性に応じて使い分けられる。動作主性が高い親族・固有名詞 A 層はガ系しか許容せず、それ以下はノ系を使う。

さて、本稿ではここから、若年層のデータを示してゆく。若年層の体系は、上述の高齢層の体系をベースに変化しつつあり、その中で、自動詞分裂現象を起こしている。

4. 若年層の格配列―変化と自動詞分裂現象の出現―

ここでは、若年層の 2 つのパターン（若年層 A, B）を扱う。若年層は、高齢層の体系をベースに、動作主性に沿った変化を起こしている。その中で自動詞分裂現象(詳細は本書所収の下地論文を参照)を起こしており、若年層 A は、ガ系とノ系の拮抗による自動詞分裂、若年層 B は、有形とハダカによる自動詞分裂を起こしている。

4.1 若年層 A―ガ系とノ系の拮抗による自動詞分裂現象―

4.1.1 基本配列

若年層 A は、2.2 に述べたように、筆者自身であり、本節は、坂井 (2013a) に修正および更新を加えたものである。

若年層 A は、ハダカ制限を引き継いでおり、中心格で有形標示を欠くと、不自然だと判断する。そして、目的語標示に「バ」「オ」、主語標示にガ系と

ノ系を持ち、有形標示の語形も、高齢層のそれを引き継いでいる。

　高齢層の持つ特徴を多く引き継いでいるが、大きく異なるのは、主語標示2形式の使用範囲である。若年層Aの基本配列を示すと、次の通りである。

表3　熊本市若年層Aの基本配列

熊本市若年層A	親族・固有	人間普通	動物	無生物
A	ガ	ガ	ガ	ガ
Sa	ガ	ガ	ガ	ノ（ガ）
Sp	ノ（ガ）	ノ（ガ）	ノ（ガ）	ノ（ガ）
P	バ／オ	バ／オ	バ／オ	バ／オ

　表2と表3を比較すると、表3の基本配列は、表2に比べ、ガしか許容できない範囲が広い。そして、そのガ系の広がり／ノ系の狭まりの方向を見ると、これもランダムでは無く、左上ほどガ系、右下ほどノ系という、動作主性に沿った分布を保っている。そして何より注目されるのは、有生物名詞層（親族・固有〜動物）の分布である。SaとSpの様相が異なっており、自動詞分裂現象が確認できる。それではまず、具体例を挙げ記述する。

　主語が有生物名詞の場合（親族・固有〜動物）、AとSaでは、ノ系を拒絶する。他動詞文では、語順を入れ替えても判断はかわらない。一方、Spでは、ノ系を自然に使用する。次の(17)は、固有名詞「Y」（妹の個人名）を主語とする例である。Saで許容できないノ系を、Spで自然に使用することができ、ここにSaとSpの分裂が確認できる。なお、主語を親族名詞「妹」、人間普通名詞「子供」、動物名詞「犬」等にかえても、ガノ分布は同様である。この自動詞分裂現象については、次節に、類型論を踏まえてまとめる。

(17)　固有
　　　A：Y {ガ／*ン} つぼバたおした。（語順入れ替え同）
　　　　「Yが壺を倒した。」
　　　Sa：Y {ガ／*ン} でていった。「Yが出て行った。」

　　　　Sp：Y {ガ／ン} たおれた。「Y が倒れた。」

　続いて無生物名詞の場合、A でノ系を拒絶し、S は、Sa も Sp もノ系を自然とする。なお、他動詞文は、語順に関係無くノ系を拒絶する。

（18）　無生物
　　　　A：や {ガ／*ン} どまんなかバうちぬいた。（語順入れ替え同）
　　　　　　「矢がど真ん中を打ち抜いた。」
　　　　Sa：たいふー {ガ／ン} きたね。「台風が来たね。」
　　　　Sp：き {ガ／ン} たおれた。「木が倒れた。」

4.1.2　若年層 A の格配列の型

　若年層 A の配列について、特に留意すべきは、有生物名詞層（親族・固有〜動物）の分布である。(17) のように、A と Sa が、ノを拒絶するという同じ振る舞いをする一方、Sp のみノを許容し、異なる振る舞いをする。Sa と Sp の様相が明らかに異なっており、ここに自動詞分裂現象が確認できる。

　上述の自動詞分裂現象に伴い、併せて注目されるのは、その格の型である。「型」とは、A・Sa・Sp・P のグルーピングのパターンであるが、実は (17) に生じている型は、従来報告されるいずれの型にも属していないのである。格の型は通言語的に、主に 5 つのものが知られている。次の表 4 と共に概要を述べると、まず（Ⅰ）主語（S と A）を同標示、目的語を別標示する「対格型」、（Ⅱ）S と P が同標示で A が別標示の「能格型」、（Ⅲ）A・S・P 全て同標示の「中立型」、（Ⅳ）全てが別標示の「三立型」が知られている。なお、（Ⅳ）三立型は、通言語的に希少とされる型の一種である。これら 4 つは、主語か目的語かという統語面に基づいた配列であることから、「統語的配列（Syntactic alignment）」と呼ばれている[5]。更にもう一種の型として、（Ⅴ）S で自動詞分裂が生じ、意志性のある Sa と A が同標示で、意志性が無い Sp と P が同標示となる「活格型」が知られる。これは、意味（意志性があるか

5　この他、非常に稀に、A と P が同標示で S が別標示の、「二重斜格型」もある。

無いか)に基づいた配列であることから、「意味的配列（semantic alignment）」と呼ばれる。

表4　現今の格類型

統語的配列				意味的配列
Ⅰ対格型	Ⅱ能格型	Ⅲ中立型	Ⅳ三立型	Ⅴ活格型
(A)	(A)	A	(A)	A
Sa	Sa	Sa	(Sa)	(Sa
Sp	Sp	Sp	(Sp)	Sp)
(P)	P	P	(P)	P

※表中の○は同じ標示を示す（A・Sa・Spを囲む○等）

ここで若年層Aの格配列の型を見ると、次の表5に示すように、無生物層については、A・S・P三者の標示が全て異なることから、(Ⅳ)「三立型」に該当する。これは先述のように、通言語的に希少な型である。しかし、更に特殊なのは有生層の型である。これは上記5つの型のいずれにも属しておらず、主語標示が意志性で分裂する点では(A&Sa：ガ系／Sp：ノ系)「活格型」に近いが、SpとPの標示が異なる点で(Sp：ノ／P：バ)、「活格型」では無い。目的語専用形式(バ)があるという点で、統語的配列の側面を持つ一方、主語が意志性で分かれるという点で、意味的配列の側面を持つ。

表5　若年層Aの型

熊本市若年層A	有生物	無生物
A	(ガ)	(ガ)
Sa	(ガ)	ノ
Sp	ノ	ノ
P	(バ)	(バ)
型	(統語×意味) 九州分裂S型	(統語) 三立型

従来の類型に無い、この特殊な型（仮に「九州分裂S型」）の成立基盤に

については、熊本市高齢層と熊本市若年層Aの比較から考えることができる。まず高齢層(3.2.2)を見ると、伝統的に主語(ガノ) vs 目的語(バ)という統語的配列がベースにあり、その中で、主語標示2種が、動作主性に応じて使い分けられるという様相であった。それを踏まえて若年層Aを見ると、若年層Aでは、主語標示2種のパワーバランスが、ガ系の浸食／ノ系の衰退という方向で拮抗しており、更にその変化は、高動作主＝ガ、低動作主＝ノという伝統的な性質を守りながら進んでいると見られる。A側からSaにガ系領域が広がり、Sp側にノ系が残るという形で、ガ系の浸食／ノ系の衰退が進行しており、これが、若年層Aの自動詞分裂現象の背景と考えられる。

なお、この型は、熊本市の一部にだけ見られるというわけでは無い。例えば、博多方言(福岡県)の親族・固有名詞層(坂井2018)、甑島里方言(鹿児島県)の親族・固有名詞層(坂井2019)、同じく甑島長浜方言の親族・固有名詞～人間普通名詞層(坂井2019)に、当該の型が確認されている。いずれも、中心格のハダカ標示を基本的に許容せず、その格配列は、左上(高動作主)ほどガ系、右下(低動作主)ほどノ系という共通点があり、今後は、この共通点を踏まえた考察が課題となるところである。

4.1.3　若年層Aの小まとめ

若年層Aの基本配列をまとめると、(19)の通りである。

(19) 若年層Aの基本配列
  a. ハダカ制限を受け継いでいる。
  b. 有生物名詞層は、九州分裂S型、無生物名詞層は、三立型である。
  c. 九州分裂S型の成立基盤は、動作主性に沿ったガ系とノ系の拮抗によるものと考えられる。

以上、熊本市若年層Aの記述をおこない、ハダカ標示を許容しない体系における、ガ系・ノ系・バで織り成される型を示した。

それでは次に、熊本市若年層に生じている、もう一つの自動詞分裂現象を取り上げる。これは、有形標示とハダカ標示による自動詞分裂である。

4.2 若年層 B ―ハダカの取り込みによる自動詞分裂現象―

若年層 B は、高齢層や若年層 A とは異なり、中心格のハダカ標示を許容する。例えば、(20) は若年層 B の第一回答であるが、(20a) では主語の格標示がハダカである。(20b) では、目的語の格標示がハダカである。

(20) 若年層 B の第 1 回答
 a. <u>ねこφ</u>しんだんよ。「猫が死んだんだよ。」【主語】
 b. <u>まどφ</u>たたきわったったい。「窓を叩き割ったんだよ。」【目的語】

本節では、若年層 B の基本配列を、特にハダカ標示に注目しながら記述する。まず、目的語からまとめる。

4.2.1 目的語とハダカ (若年層 B)

目的語標示は、基本配列下では[6]、ハダカが基本である。例えば(21)は「こども」が目的語であり、語順に関わらず、目的語はハダカとなる。

(21) APV：せんせいφ<u>こどもφ</u>かえした。「先生が子供を帰した。」
 PAV：<u>こどもφ</u>せんせいφかえした。「子供を先生が帰した。」

もし、主語と目的語の相互識別が必要な場合(例えば、いずれの名詞句が主語／目的語かというのを、世界知識だけでは判断しがたい場合)は、主語の方を有形標示する。先の (21) については、世界知識に依存できるため、両者ハダカで良い例である。「帰す」というイベントに先生と子供が参与する場合、一般的に主語は先生であり、(21) は、その一般的な関係を裏切らない。一方、次の (22) は、「刺す」というイベントに男と女が参与する。これは、先の先生と子供の関係とは異なり、世界知識から主語／目的語を判断することは難しい(文脈により、両者とも主語となる可能性がある)。このような場合、両者ハダカは許容されず ((22a))、主語の方を有形標示し、相互

---

[6] 基本配列の環境下以外では、目的語の焦点標示として「オ」が使われている可能性がある。焦点の種類を考慮した詳細な記述は、今後の課題である。

識別をはかる（(22b)）。

(22)（主語：男、目的語：女）
  a. ＊おとこφおんなφさしたんよ。
  b. 　おとこガおんなφさしたんよ。
  c. ＊おとこφおんな{バ／オ}さしたんよ。

なお、相互識別だけでいえば、目的語有形 - 主語ハダカという組み合わせも考えられるが、(22c) が不自然と回答されるように、その組み合わせは採用されない。目的語よりも主語の方を有形標示するというのは、3.1.2 でも触れた「有標主格」の傾向である。先の高齢層の体系では、わずかにその傾向が見られるだけであったが、若年層 B では、基本配列下の他動詞文目的語を徹底的にハダカ標示し、相互識別の必要が生じた際は、主語の方を有形にするという、典型的な有標主格言語の状態になっている。

4.2.2　主語とハダカ（若年層 B）

前節のように、若年層 B の格標示は、主語と目的語との関係に左右される側面がある。そしてこの側面のために、目的語と主語との関係が重要な他動詞文と、目的語が関与しない自動詞文とでは、主語標示の様相が異なるようである。まずは次節に、他動詞文主語の様相をまとめる。

4.2.2.1　他動詞文主語（A）

他動詞文では、4.2.1 にも述べたように、目的語との相互識別のために、主語標示の有形／ハダカが左右される。本節では、その有形 vs ハダカについて詳細を記述する。有形のガ系とノ系については、上位ほどガ系、下位ほどノ系という伝統的な性質を引き継いでいるが、若年層 B でも、ガ系の浸食（ノ系の衰退）が進んでいるようである。まとめると (23) の通りである。

(23)　若年層 B：他動詞文で有形主語標示を使う場合のガノ分布
　　　・ヒト主語…ガ系のみ（(22b)）

・動物主語…ガ系もノ系も同様に使う（(24)）
・無生物…ノ系を使う（ガ系も使えるが標準語的）（(24)）

　本節で特に注目するのは、主語標示における有形vsハダカの使い分けである。先の(20)(21)のように、若年層Bは、主語をハダカで標示することができる。ただし、ハダカ標示は、使える場合と使えない場合とがある。先の(22)のように、目的語との相互識別が問題になる場合は、主語の有形標示が必須になる。また(22)は、世界知識に頼っても相互識別をおこなえないために、主語の有形標示をするという例であったが、他にも次のように、世界知識から想定される一般的なAとPの関係が裏切られる場合も、有形標示が必須となる。(24)は、下位の「猫」が、上位の人間「こども」に影響を与える「逆行」（目的語に影響を与える主語の有生性が、目的語の有生性に比べ下位）の例で、その名の通り、典型的な影響関係を逆行するものである。この場合、主語のハダカ標示は許容されない（目的語はハダカ）。また(25)は、無生物が他動詞文主語に立つ例である。当方言はそもそも、他動詞文の無生物主語を許容しにくく、その無生物をあえて主語にする場合は、主語を有形標示するようである。この場合、逆行であれ((25a))、同等であれ((25b))、主語のハダカ標示は非常に不自然と判断される。なお、相互識別だけでいうと、目的語を有形にすれば主語をハダカにして良いように思えるが、4.2.1に述べたように、若年層Bの体系は、有標主格タイプであり、目的語有形－主語ハダカは許容されない。

(24)　逆行
　　　ねこ{ガ／ン／*φ}こどもφひっかいた。「猫が子供をひっかいた。」
　　　（主語ハダカ－目的語有形も非文：*ねこφこどもばひっかいた。）
(25)　無生物
　　a.　かふん{標ガ／ン／??φ}ひとφくるしむんね。
　　　「花粉が人を苦しめるね。」
　　　（主語ハダカ－目的語有形も非文：*かふんφひとバくるしむんね。）

b.　くも {標ガ／ン／??φ} たいよーφさえぎった。
　　　　「雲が太陽を遮った。」
　　　　（主語ハダカ‐目的語有形も非文：*くもφたいよーバさえぎった。）

　一方で、4.2.1 にも述べたように、A と P が一般的な関係を裏切らない場合は、主語をハダカ標示することができる。(26)は、ヒトが主語で、下位の無生物「まど」に影響を与える順行の例、(27)は、動物が主語で、下位の無生物「えさ」に影響を与える順行の例であり、いずれも主語をハダカ標示できる。

　(26)　にいちゃん {ガ／φ} まどφたたきわったったい。
　　　　「兄ちゃんが窓を叩き割ったんだよ。」
　(27)　ねこ {ガ／ン／φ} えさφたべた。
　　　　「猫が餌を食べた。」

　本節に示したように、若年層 B では、意味レベルと形態統語レベルとが補いあう形で、主語と目的語の相互識別が実現される。このような相互識別は、de Swart (2006) に見出されて以来、日本方言においても、竹内・松丸 (2015) や、下地 (2016b) に指摘されている。
　以上、目的語との相互識別が問題となる他動詞文では、目的語との相対的な関係で、主語標示の有形 vs ハダカが左右されるということを示した。
　次に、目的語が関与しない、自動詞文について示す。

4.2.2.2　自動詞文主語（Sa・Sp）

　自動詞文は主語の一項しか無いため、目的語に左右されることは無い。しかし、本節では、自動詞文にも有形 vs ハダカの対立が認められるということを述べる。本節では、自動詞文における有形とハダカが、クロス階層すなわち動作主性に沿っているということを示し、一見同じ有形 vs ハダカであっても、他動詞文のそれとは性質が異なっているということを述べる。
　具体例に入る前に、自動詞文における有形標示の分布をまとめておく。若

年層Bの体系では、自動詞文主語を有形標示する場合、主にノ系を使う。ガ系を許容しないわけでは無いが、若年層Bの内省では、標準語的とのことである。次の表6には、「ノφ」「φ(ノ)」と記入しているが、「ノφ」は、有形とハダカがともに自然であると回答されたことを示し、「φ(ノ)」は、自然なのはハダカである（有形を使うことはめったに無いが、あえて有形を使うとすれば、ノ系を使う）と回答されたことを示す。まとめると、次の通り。

表6　熊本市若年層Bの自動詞主語標示（基本配列）

若年層B	親族・固有	人間普通	動物	無生物
Sa	ノφ	ノφ	ノφ	φ(ノ)
Sp		φ(ノ)	φ(ノ)	

上表から読み取れるように、高い階層（左上）ほど有形、低い階層ほどハダカという分布になっている。具体例を挙げると、次の(28)は、固有名詞主語の例である。意志的な動作「にげた」の主語Saでも、非意志的な動作「たおれた」の主語Spでも、有形とハダカを同じように使える。

(28)　固有
　　　Sa：N {標ガ／ン／φ} にげたんよ。「Nが逃げたのよ。」
　　　Sp：N {標ガ／ン／φ} たおれたんよ。「Nが倒れたのよ。」

次の(29)(30)は、人間普通名詞と動物名詞が主語になる例であるが、ここではSaとSpの標示の様相が異なっているということに注目してほしい。まず、Saでは、有形でもハダカでも良いと回答とされる。一方Spでは、ハダカの方が有形よりも自然だと回答される。有形は、拒絶するわけでは無いが、めったに使わず、そのため違和感があるとのことである。SaとSpは、有形の許容度という点で様相が異なっており、自動詞分裂現象の一種と見ることができる。また、当該の現象は、若年層Aの有形vs有形の自動詞分裂とは異なり、有形vsハダカの形で生じている点にも注目される。若年層Aとの比較や、他方言との関連についての考察は、5節におこなう。

(29) 人間普通
　　　Sa：どろぼー {^{標}ガ／ン／φ} にげてったばい。
　　　　　「泥棒が逃げて行ったよ。」
　　　Sp：がくせいさん {^{標}ガ／$^{??}$ン／φ} たおれてしもた。
　　　　　「学生さんが倒れてしまった。」
(30) 動物
　　　Sa：ねこ {^{標}ガ／ン／φ} にげた。「猫が逃げた。」
　　　Sp：ねこ {^{標}ガ／$^{??}$ン／φ} しんだんよ。「猫が死んだよ。」

次の (31) は、無生物主語の例である。ここでは、Sa、Sp に関わらずハダカが自然だと回答される。有形については、拒絶するわけでは無いが、めったに使わないため、違和感があるとのことである。

(31) 無生物
　　　Sa：ことしもたいふー {^{標}ガ／$^{??}$ン／φ} くるばい。
　　　　　「今年も台風が来るよ。」
　　　Sp：おゆ {^{標}ガ／$^?$ン／φ} わいたよ。「お湯が沸いたよ。」

上述のように、若年層 B の体系における自動詞文の主語標示は、階層の左上ほど有形可、右下ほどハダカ優位という分布であり、階層すなわち動作主性の高低が効いているものと考えられる。更にその中で、人間普通名詞層と動物名詞層において、有形 vs ハダカによる自動詞分裂現象が認められる。

4.2.3　若年層 B 小まとめ

若年層 B の基本配列をまとめると、(32) の通りである。

(32) 若年層 B の基本配列
　　a.　他動詞文
　　　　目的語標示は基本的にハダカ。主語は、相互識別上問題が生じる場合に、有形標示が必須。相互識別に問題が無い場合ハダカで良い。

b.　自動詞文
　　　1. 親族・固有名詞主語では、Sa も Sp も、有形とハダカを同じように使うことができる。2. 人間普通〜動物主語では、Sa では有形とハダカを同じように使えるが、Sp では、ハダカが自然となり、ここに自動詞分裂現象が認められる。3. 無生物主語では、Sa も Sp も同様にハダカが自然である。

　上記のように、他動詞文と自動詞文では、格標示の仕組みが異なる。それぞれにおける、有形／ハダカの要因は、(33) のようにまとめられる。

(33)　他動詞文主語の有形 vs ハダカ：A/P 相互識別
　　　自動詞文主語の有形 vs ハダカ：動作主性

　要因の違いを考慮すると、他動詞文のハダカ主語と、自動詞文のハダカ主語は、別物と見るのが穏当と考えられる。また、人間普通〜動物名詞において、Sa と Sp に有形 vs ハダカの自動詞分裂が観察された点については、Sp の方がハダカ優位の標示になるという点において、標準語（本書所収の下地論文）と、久高島方言（同じく新永論文）の記述と通じるところである。
　それでは、この若年層 B の有形 vs ハダカの自動詞分裂は、他方言の自動詞分裂と関連付けて考えられるのか。また、若年層 A の自動詞分裂は、どのように位置付けられるか。次節にて、考察をおこなう。

5.　通方言的な観点からの考察―脱主題化仮説を踏まえて―

　熊本市若年層 B の自動詞分裂現象は、有形 vs ハダカの対立に生じているという点で、標準日本語等の有形 vs ハダカの自動詞分裂と関連している可能性がある。まずは、これらを関連付けて捉えられるかを考察する。
　現代日本共通語等の自動詞分裂現象を説明するのに有効と指摘されるのは、「脱主題化仮説」（本書所収の下地論文）である。詳細は下地論文に述べられているため、ここでは簡略にまとめると、次のようなものである。

(34) 標準日本口語等の有形 vs ハダカの自動詞分裂と「脱主題化仮説」
    a. 階層上位の主語ほど主題になりやすい(「内在的主題性」)。その内在的主題性により、階層上位主語ほど、主題でない場合には、主題でないことを積極的に表す「脱主題化マーカー」が必要となる。「ガ」は、その脱主題化マーカーである。
    b. 階層下位は、脱主題化マーカーを付ける必要性が低く、無標で良い＝ハダカ可。
    →内在的主題性が高い Sa の方が、より「ガ」を必要とし、内在的主題性が低い Sp は、「ガ」を必要としない（ハダカでも良い）。
    →自動詞の分裂現象が生じうる。

　ここで仮に、熊本市若年層 B の有形 vs ハダカの自動詞分裂現象を、脱主題化仮説で捉えられるかを考えると、一応矛盾はしないと考えられる。まず、他動詞文主語については、相互識別のために有形とハダカが用いられていることから、主題性とはレベルが異なるため、一旦除外し、自動詞文について考えることとする。そうすると、4.2.2.2 に述べたように、若年層 B の自動詞分裂現象は、階層上位ほど有形可、下位ほどハダカ優位という傾向にあり、仮説（34ab）に矛盾しない。
　ただし、標準日本語等の自動詞分裂現象のように、脱主題化仮説で積極的に説明しうるかというと、熊本市方言個別については、気になる点もある。というのは、(28) にも示したように、熊本市若年層 B の体系では、階層上位で有形が必須というわけでは無いためである。脱主題化仮説の根幹は、階層上位主語が、脱主題化マーカーを必要とするところにあると考えられる。上位主語ほど、脱主題化を積極的に示す必要があるからこそ、下位の無標とコントラストができ、場合によってはそこに自動詞分裂が起こりうるものと理解する。しかし、熊本市若年層 B の自動詞文では、階層上位主語を有形にすることについては、どちらでも良く、むしろ階層下位主語を有形にしないことの方に積極的である。そうすると、〈上位主語には、脱主題化マーカーを付けても良いし、付けなくても良いが、下位にはできるだけ付ける

な〉という、脱主題化の操作に沿わないルールが想定されてしまう。よって、当方言個別については、脱主題化仮説を採用することに疑問が残るところである。

　また、若年層Ａの、ガ系とノ系の自動詞分裂については、脱主題化仮説で捉えようとすると、ノ系の位置付けが大きな課題となってしまう。若年層Ａの体系では、4.1 に示したように、階層上位ほどガ系、階層下位ほどノ系という分布であり、その中で、有生物名詞主語にＡ・Sa＝ガ系、Sp＝ノ系という自動詞分裂が起こっていた。これを脱主題化仮説で捉えると、まず、上位階層主語がガ系であるという点については、仮説に矛盾しない。しかし、下位階層主語がノ系すなわち有形であるという点については、説明が難しい。脱主題化仮説で考えると、脱主題化マーカーの必要性が低い下位階層主語は、単純に考えれば、無標すなわちハダカになるのが自然である。脱主題化仮説を採用するには、下位層で有形(ノ系)を用いることについて、もう１段階説明が必要となる。仮に、可能性として一つ考えられるのは、伝統的なハダカ制限の影響である。先述のように、若年層Ａは、高齢層と同様のハダカ制限を持つ。このハダカ制限を読み替えると、たとえ機能的に無標であっても、無形無標(ハダカ)は許されず、何か有形標示を付けよという制約があると捉えられる。ここから、当該の体系には、無標に付ける有形形式があるという可能性を想定する。ここで若年層Ａの配列(4.1)を見ると、ノ系は、基本配列の階層の右下、すなわち非主題で非焦点(3.2.1.1)かつ、主語の動作主性が低い(3.2.1.2)、より無標の主語に分布している。ここから、若年層Ａのノ系は、形式上は有形でありながら、機能的には無標である可能性が考えられる。先述の制約と繋げると、無形無標が許されないため、有形無標の形式としてノ系が存在していると見ることができ、そうすると、標準日本口語等の無標主語にハダカ(無形無標)が分布していることと並行的に捉えられるかもしれない。

　ただし、たしかに若年層Ａの自動詞分裂現象も、脱主題化仮説で捉えられるものの、そのガ系とノ系の自動詞分裂現象については、動作主性で捉える方がよりシンプルであると考えられる。先述のように、ガ系とノ系は、高

齢層の体系の段階から、動作主性に応じて使い分けられていると見ることができる。関連し、ハダカ制限については、その標示分けに伴う制限である可能性、すなわち、動作主性で標示分けする体系であるからこそ、いずれの標示も付けないということが許されず、そのために生じた制限であるという可能性が考えられる。そうすると、ハダカ制限も、ガとノの使い分けと関連する一連の現象の中に捉えられる。そして、若年層Aにおけるガ系とノ系の自動詞分裂現象は、動作主性が高いことを表すマーカーのガ系と、動作主性が低いことを表すマーカーのノ系が、統語的基準で整理される過程で、つまり、主語標示をガ系に一本化しようとする変化の中で、ガ系とノ系が動作主性に沿って拮抗し、生じたものと見ることができる。このように、動作主性の観点から見る方が、一連の事象をよりシンプルに捉えることができると考える。

　ここまでの考察をまとめる。まず、若年層Aと、若年層Bの自動詞分裂現象を、脱主題化仮説で捉えても、一応矛盾はしない。しかし、脱主題化仮説で捉えると、若年層Aのパターンも、若年層Bのパターンも、現象の把握が複雑になる。ここから考えると、熊本市方言の自動詞分裂現象については、脱主題化仮説で捉えることに、あまりメリットは無いのかもしれない。熊本市方言の自動詞分裂現象は、動作主性だけでも説明することができ、その方がよりシンプルに一連の事象を捉えることができると考えられる。

　ただし、標準口語（本書所収の下地論文）や久高島方言（同じく新永論文）、京都市方言（同じく竹内・松丸論文）等の自動詞分裂現象を説明する上で、脱主題化仮説が優れているというのは、事実であると考える。今後、自動詞分裂現象を通言語・通方言的に捉える上では、当方言も脱主題化仮説の中で捉えた方が良いのかもしれない。他方言も視野に、日琉諸語の自動詞分裂を捉えることが、今後の課題となる。

付記

　本稿は、基盤研究C「日本語の分裂自動詞性」（26370549／研究代表者：竹内史郎）、日本学術振興会特別研究員奨励費「方言研究と古代日本語研究の融合による

日本語格配列システムの解明」(17J05328 ／研究代表者：坂井美日)、若手研究 (B)「日本方言の活格性に関する基礎的研究」(16K16851 ／研究代表者：坂井美日) の研究成果の一部である。

参照文献
秋山正次・吉岡泰夫 (1991)『暮らしに生きる熊本の方言』熊本：熊本日日新聞社.
de Swart, Peter (2006) Case markedness. In: Leonid Kulikov, Andrej Malchukov and Peter de Swart (eds.) *Case, valency and transitivity*, 249–267. Amsterdam: John Benjamins.
Dixon, R. M. W. (1979) Ergativity. *Language* 55(1): 59–138.
Harris, Alice C. (1990) Alignment typology and diachronic change. In: Lehmann Winfred P. (ed.) *Language typology: Systematic balance in language: papers from the Linguistic Typology Symposium*, Berkeley, 1–3 December 1987, 67–90. Amsterdam/Philadelphia: John Benjamins.
Hopper, Paul J. and Sandra A. Thompson (1980) Transitivity in grammar and discourse. *Language* 56: 251–299.
加藤重広 (1997)「ゼロ助詞の談話機能と文法機能」『富山大学人文学部紀要』27: 19–82.
大場美穂子 (1994)『日本語の「格助詞の省略」について』東京大学大学院人文科学研究科言語学専攻修士論文.
大谷博美 (1995a)「ハとヲとφ：ヲ格の助詞の省略」宮島達夫・仁田義雄 (編)『日本語類義表現の文法 (上) 単文編』62–66. 東京：くろしお出版.
大谷博美 (1995b)「ハとガとφ：ハもガも使えない文」宮島達夫・仁田義雄 (編)『日本語類義表現の文法 (上) 単文編』287–295. 東京：くろしお出版.
尾上圭介 (1987)「主語にハもガも使えない文について」国語学会 1987 年度春季大会発表予稿集.
坂井美日 (2013a)「現代熊本市方言の主語標示」『阪大社会言語学研究ノート』11: 66–83.
坂井美日 (2013b)「甑島方言の格配列：日本語方言の類型論的展開の可能性」日本語学会 2013 年度秋季大会発表予稿集.
坂井美日 (2018)「九州方言における主語標示の使い分けと動作主性」日本言語学会第 156 回大会予稿集.
坂井美日 (2019)「甑島方言の格について」窪薗晴夫・木部暢子・髙木千恵 (編)『鹿児島県甑島方言からみる文法の諸相』49–81. 東京：くろしお出版.
下地理則 (2016a)「南琉球与那国語の格配列について」田窪行則・ホイットマン ジョン・平子達也 (編)『琉球諸語と古代日本語：日琉祖語の再建にむけて』173–207. 東京：くろしお出版.

下地理則 (2016b)「格体系を調べる方言調査票の開発・利用と問題点：九州・琉球方言の事例報告」日本言語学会第 153 回大会予稿集.

下地理則 (2017)「日琉諸語における分裂自動詞性と有標主格性」成城大学・国立国語研究所共催シンポジウム「私たちの知らない日本語：琉球・九州・本州の方言と格標示」.

Silverstein, M. (1976) Hierarchy of features and ergativity. In Dixon, R. M. W. (ed.) *Grammatical categories in Australian languages*, 112–171. Canberra: Australian Institute of Aboriginal Studies, Canberra. (Simultaneously published by Humanities Press, New Jersey)

竹内史郎・松丸真大 (2015)「本州方言における他動詞文の主語と目的語を区別するストラテジー：関西方言と宮城県登米方言の分析」科研費・国語研共同研究プロジェクト合同シンポジウム「アスペクト・ヴォイス・格」国立国語研究所.

田窪行則 (1990)「対話における知識管理について：対話モデルからみた日本語の特性」崎山理・佐藤昭裕 (編)『東アジアの諸言語と一般言語学』837–845. 東京：三省堂.

角田太作 (2009)『世界の言語と日本語：言語類型論から見た日本語　改訂版』東京：くろしお出版.

第3章
京都市方言における情報構造と文形態
格標示とイントネーション標示による分裂自動詞性

竹内史郎・松丸真大

1. はじめに

　言語の統語記述を行う際に、他動詞文と自動詞文の主要項がどのように標示され、それらの配列がどのようなパターンとなるのかということは基本的かつ重要な課題である。こうした課題に取り組む際に、文法関係や意味役割に目を配るだけでは不十分で、主題や焦点といった語用論的役割ないしは情報構造的役割までをも考慮しなければならないことがある（Lambrecht 1994、2000、下地 2016 など）。本稿は、京都市方言の統語記述に語用論的役割の考慮が不可欠であることを示し、このことをふまえ、この方言における情報構造と文形態との対応がどのようなものかを考察する。

　通言語的に見れば、情報構造のあり方に応じた文形態の特徴づけにはさまざまな形態統語的な手段や韻律的な手段が用いられるが、現代の京都市方言においては格による標示とイントネーションによる標示がその手段となる。本稿では、まず格標示の振る舞いを、次にイントネーション標示の振る舞いを観察して、そして両者がどのような関係にあるかということに言及する。興味深いことに、格標示においてもイントネーション標示においても分裂自

動詞性が認められるのであるが、両者に分裂自動詞性が認められるのは偶然ではなく、一つの目的を果たすために二つの手段が協調した結果であるとの見方を示す。

　本稿の構成は次の通りである。次節で本稿が採用する焦点カテゴリーについて言及したのち、3節で格標示による文形態と情報構造との対応を見る。そして4節ではイントネーション標示による文形態と情報構造との対応を見て、5節で格標示とイントネーション標示がどのような関係にあるかについて整理する。以上をふまえ6節では、通言語的研究の成果を参照しつつ京都市方言の語用論的対立および脱主題化の独自性について考察する。最後に7節をまとめとする。

2. 焦点カテゴリーと情報構造

　情報構造を区別するにあたり、焦点カテゴリーにどのような種類を立てるかということについては諸説あるが、ここでは下地 (2017) に従って文焦点、述語焦点、WH応答焦点、対比焦点の4つを立てておく。

(1) a. そういえば昨日 **太郎が**あばれた：文焦点
 b. (「太郎はどうだった？」の返答として) 太郎**あばれた**：述語焦点
 c. (「誰があばれたの？」の返答として) **太郎**があばれた：WH応答焦点
 d. 次郎じゃなくて **太郎**があばれた：対比焦点

(1) では焦点であることをゴチックで表している。(1a) の文焦点の例では文全体が焦点であるのに対し、(1b–d) は文の要素が焦点となっていることに注意されたい。(1b) は述語部分が焦点となっているので、述語焦点である。また (1cd) は、どちらも項の部分が焦点であるので、項焦点であるが、本稿では便宜上項焦点を下位分類して、WH応答焦点と対比焦点があるとみておく。(1c) は全く前提のない状況から疑問詞疑問文の答えとして「太郎」を選び出したもの、(1d) はそれまでの文脈で想定されていた「次郎」を否定し

た上で「太郎」を選び直したものである。これにより前者は WH 応答焦点、後者は対比焦点ということで区別される。

　以下の 3 節、4 節では、文焦点、述語焦点、WH 応答焦点、対比焦点の環境において文形態がどのように特徴づけられるのかということに着目して考察を加える。3 節では格標示を、4 節ではイントネーション標示を取り上げ、それぞれの振る舞いを記述していく。

3. 格標示

3.1 文焦点

　文焦点の環境において主語標示ガは問題なく現れる[1]。なお、この小節で述べる内容は、竹内・松丸（近刊）の簡易版とも言うべきものであり、より詳しい記述については竹内・松丸（近刊）を参照されたい。

(2) a. 　ア 月ガ 出テル
　　 b. 　ナンカ 虫ガ 止マッテマスヨ
　　 c. 　キーテーヤ 昨日 山田ガ 田中 ナグッテン
　　 d. 　ソーイエバ 昨日 田中ガ 山田 オコッテン

しかしここに現れているガは必須ではない。次に示すように (2) のそれぞれの例からガだけを取り去った (3) も同一の談話環境で用いることができる。

(3) a. 　ア 月 出テル
　　 b. 　ナンカ 虫 止マッテマスヨ
　　 c. 　キーテーヤ 昨日 山田 田中 ナグッテン
　　 d. 　ソーイエバ 昨日 田中 山田 オコッテン

そうすると、文焦点の環境におけるガ格主語文とハダカ主語文は文の意味へ

---

[1] 以下の京都市方言の例は、松丸真大（京都市出身、男性、1973 年生まれ）、H. M 氏（京都市出身、女性、1970 年生まれ）、R. T 氏（京都市出身、男性、1972 年生まれ）への調査に基づいている。

の貢献という観点からも談話上の伝達機能という観点からも対立しないということになる。このようなガとハダカの関係はどのように説明したらよいだろうか。筆者らは、京都市方言のハダカの現象についていくつかのことを論じてきたが、竹内・松丸（近刊）に基づき、文焦点の環境において主語がハダカとなる理由を明らかにしてみよう。

　例えば他動詞文において、人間名詞である項と無生名詞である項が共起した場合、語順に関わらず、人間名詞である項が主語、無生名詞である項が目的語となる。

(4) a.　キーテーヤ 昨日 山田 ビール 飲ミ干シヨッテン
　　b.　キーテーヤ 昨日 ビール 山田 飲ミ干シヨッテン

これに対し、人間名詞である項と人間名詞である項が共起した場合、先行する項が主語となり、後続する項が目的語となる。

(5) a.　（「どうなったらおれの勝ちなん」の返答として）
　　　　山田 田中 押シ出シタラナ（「山田」を動作主として）
　　b.　（「どうなったらおれの勝ちなん」の返答として）
　　　　#田中 山田 押シ出シタラナ（「山田」を動作主として）

以上から、他動詞文の主語と目的語の識別に有生性と語順が関わっていることがわかる。すなわち(4)では、「山田」と「ビール」は語順に関わらず「山田」が主語、「ビール」が目的語と解釈されるわけであるから、有生性階層における階層差が主語と目的語を識別する手段と言うことができる。このことを有生性効果による相互識別と呼ぶ。また、(5)では、人間名詞同士が共起するときに、つまり有生性階層における階層差が主語と目的語を識別する手段とならないときに、先行する項が主語、後続する項が目的語と解釈されるわけであるから、語順が主語と目的語を識別する手段であると言える。このように相互識別は有生性効果や語順によって果たされることがある。

　以上のことから、次のように京都市方言の相互識別における、有生性効果と語順との対応関係を示すことができる。

(6)　京都市方言の相互識別における有生性効果と語順との対応関係

	high-low	high-high	*low-low	*low-high
語順	−	+		

high は有生性階層における代名詞、人間名詞、動物名詞をまとめたカテゴリーを表す。これに対し low は無生名詞に対応するカテゴリーである。また、high-low であれば、high カテゴリー主語と low カテゴリー目的語の組み合わせを、high-high であれば high カテゴリー主語と high カテゴリー目的語の組み合わせを表している。なお、京都市方言では、無生主語の他動詞文はガの標示を必要とするので、主語がハダカとなる他動詞文のみを対象とする(6)では、low カテゴリー主語と low カテゴリー目的語の組み合わせ、low カテゴリー主語と high カテゴリー目的語の組み合わせが容認されないものとなっている(竹内・松丸近刊)。

(6) からは、京都市方言の相互識別におけるストラテジーとして次のことが知られる。まず有生性効果は動物名詞と無生名詞の間を境界として生じていて、high-low という組み合わせが他動詞文における項の曖昧性を排除する手段としてはたらく。よって、このときは語順という手段がはたらかない。しかし項同士が high-high ということで同等である場合は、有生性効果の観点からすればそれらの関係が曖昧になる。このときに曖昧性を排除する手段として語順がはたらくことになる。

有生性効果や語順は述語の項を同定する手段として格標示と等価であり競合するということに注意しよう。つまり有生性効果、語順、格標示のうち、どれか一つが決め手となればその他の手段は不要となる。したがってガとハダカが交替しているかのように見えるのは、実のところ交替しているのではなく、相互識別の手段として有生性効果や語順が選択されたり、格標示が選択されたりすることから生じているということができる。相互識別の手段として格標示が選ばれるか、その他の手段が選ばれるかで主語標示がガとなったりハダカとなったりしていると見なければならない。文焦点の環境におけるハダカ主語文では格標示ではない手段が用いられていると考えられ、ハダ

カであることはそれがデフォルトであることや有形格標示が省略されていることを表すわけではない。なお、述語が唯一の項しか持たない自動詞文においても、格標示と競合する有生性や選択制限といった手段が選ばれることでハダカ主語文となること等は他動詞文の場合と同様である。

以上から、文焦点の環境での格標示による文形態の特徴づけはガでもハダカでもよいということになる。

3.2　述語焦点

次の例では、文の意味に違いはないが、同一の談話環境においてガのありなしによる対立が生じる。

(7) a.　(「最近山田見いひんね」に続いて)
　　　　#昨日 山田<u>ガ</u> ソノヘン 歩イテタデ
　　b.　(「最近山田見いひんね」に続いて)
　　　　昨日 山田 ソノヘン 歩イテタデ

ガ格主語である場合自然な発話とならず、自然な発話となるにはハダカ主語でなければならない。「最近山田見いひんね」に続く発話では述語が焦点となる文が求められているが、(7a)では、「山田」がガで標示されることにより情報構造の解釈にミスマッチが生じていると考えられる。次に示す例も同様である。

(8) a.　(「最近星見えないね」に続いて)
　　　　#昨日 星<u>ガ</u> 見エテタデ
　　b.　(「最近星見えないね」に続いて)
　　　　昨日 星 見エテタデ

述語焦点の環境における文形態の特徴づけとしては、ガによる標示が不可であり、ハダカでなければならない。

3.3 WH 応答焦点

(9) は疑問詞疑問文の返答であり、主語標示ガが現れている。

(9) a. (「誰が田中押し出したん」の返答として)
   山田ガ 田中 押シ出シテン
   b. (「誰があばれたん」の返答として)
   イキナリ 山田ガ アバレテン

ここで (9) のガを除いた次の例を考慮してみよう。

(10) a. (「誰が田中押し出したん」の返答として)
   #山田 田中 押シ出シテン
   b. (「誰があばれたん」の返答として)
   #イキナリ 山田 アバレテン

(9) と (10) は文の意味に違いがないにも関わらず、容認度に差が生じている。ガの現れない方の(10)では、WH 応答焦点の解釈が成り立たず、自然な疑問詞疑問文の返答とならない。つまり (9) や (10) に示す文脈では、主語標示がガであるのかハダカであるのかによって情報構造の解釈が異なってくるということになる。

ところが、次に示す例では、上に見たガとハダカの対立が認められない。

(11) a. (「何が倒れたん」の返答として)
   庭ノ木ガ 倒レタ
   b. (「何が倒れたん」の返答として)
   庭ノ木 倒レタ

(9)(10) と同様に、疑問詞疑問文の返答となる発話で、主語標示がガとなった場合とハダカとなった場合を比較しているにも関わらず、両者に差は認められず、いずれも自然な返答となっている。次の例も同様である。

(12) a. (「何がこぼれたん」の返答として)
コーヒーガ コボレタ
b. (「何がこぼれたん」の返答として)
コーヒー コボレタ

　京都市方言では、疑問詞疑問文の応答の際の主語焦点化において、ガによる標示が義務的となる場合とそれが任意となる場合があるが、どちらになるかは分裂自動詞性が関わっている。他動詞文の主語を A 項 (動作主項)、目的語を P 項 (被動者項) とするならば、自動詞文の主語は動作主的なものと被動者的なものに分けられる。前者を S_A 項、後者を S_P 項としよう。動詞はこの観点から 3 類に大別することができる。すなわち、他動詞、S_A 項をとる自動詞 (以下 S_A 自動詞)、そして S_P 項をとる自動詞 (以下 S_P 自動詞) である。

(13) a. 他動詞：
食べる、払う、襲う、開ける、染める、出す、渡す、なおす、作る、入れる、干す、移す、壊す、ねぶる、…
b. S_A 自動詞：
あばれる、歩く、去ぬ、逃げる、しゃべる、動く、まわる、笑う、泣く、いる、踊る、叩く、走る、せく、…
c. S_P 自動詞：
割れる、折れる、死ぬ、倒れる、湧く、炊ける、咲く、落ちる、ある、光る、寝る、ほっこりする、へこむ、乾く、…

疑問詞疑問文の応答の際の主語焦点化において、ガの標示が義務的となるのは (13a) と (13b) の動詞を述語とした文であり、ガの標示が任意となるのは (13c) の動詞を述語とした文である。すなわち動作主項である A 項、S_A 項の焦点化にはガの標示が必須であり、被動者項である S_P 項にはガの標示が任意である。

　以上のことに加えて、自動詞の分裂に有生性が効いている可能性も考慮してみよう。これまで見たのは、主語が動作主かつ有生である例と被動者かつ

無生である例に限られていたので、主語が動作主かつ無生である例や被動者かつ有生である例をも考慮する必要がある（佐々木2008、角田2009）。まずは前者の例、すなわち他動詞文の無生主語、S_A自動詞文の無生主語の例を示す。

他動詞文の無生主語ではガが必須となる。

(14) a. （「なんで木倒れたん」の返答として）
　　　 風ガ 木 倒シテン
　　 b. （「なんで木倒れたん」の返答として）
　　　 #風 木 倒シテン

一方、S_A自動詞文の無生主語ではガがあってもハダカであってもどちらでもよい。

(15) a. （「何が転がってきたん」の返答として）
　　　 岩ガ 転ガッテキテン
　　 b. （「何が転がってきたん」の返答として）
　　　 岩 転ガッテキテン

次に主語が被動者かつ有生である例、すなわちS_P自動詞文の有生主語の例を確認してみよう。

(16) a. （「誰が倒れたん」の返答として）
　　　 山田ガ 倒レテン
　　 b. （「誰が倒れたん」の返答として）
　　　 山田 倒レテン

この場合ガがあってもハダカであってもどちらでもよい。次の例も同様である。

(17) a. （「誰が落ちたん」の返答として）
　　　 山田ガ 落チテン

b. (「誰が落ちたん」の返答として)
山田 落チテン

以上のように、他動詞文の無生主語ではガが必須で、S_A 自動詞文の無生主語ではガでもハダカでもよく、S_P 自動詞文の有生主語ではガでもハダカでもよいということが明らかになった。そしてこれまでのところを表としてまとめれば次のようになる。

表1 京都市方言のWH応答焦点における主語標示（暫定版）

	有生	無生
A項	ガ	ガ
S_A項	ガ	ガ／φ
S_P項	ガ／φ	ガ／φ

さらには代名詞における格標示の振る舞いを考慮してみよう。(16)(17)の文型において主語を代名詞に置き換えるとガが必須となる。

(18) a. (「誰が倒れたん」の返答として)
　　　オレガ 倒レテン／アイツガ 倒レテン
　　b. (「誰が倒れたん」の返答として)
　　　#オレ 倒レテン／#アイツ 倒レテン
(19) a. (「誰が落ちたん」の返答として)
　　　オレガ 落チテン／アイツガ 落チテン
　　b. (「誰が落ちたん」の返答として)
　　　#オレ 落チテン／#アイツ 落チテン

つまり代名詞が主語となれば動作主性の有無は問題とならず、A項、S_A項、S_P項のいずれにおいてもガが必須となる。したがって表1は代名詞を加えて次のように変更される。

表2 京都市方言のWH応答焦点における主語標示

	代名詞	有生	無生
A項	ガ	ガ	ガ
S_A項	ガ	ガ	ガ／φ
S_P項	ガ	ガ／φ	ガ／φ

　こうしてみると、京都市方言のWH応答焦点における主語標示を十分に理解するには、動作主性に加えて有生性をも考慮しなければならないことがわかる。WH応答焦点の環境での格配列には分裂S型が認められるが、それは有生主語における動作主性の有無によるものである。また、無生主語の場合は格配列が能格型となっている。

3.4　対比焦点

　対比焦点では、A項、S_A項、S_P項のいずれにおいてもガの標示が必須となる。

(20) a.　次郎チャウ 太郎ガ ワイン コボシテン
　　 b.　次郎チャウ 太郎ガ アバレテン
　　 c.　裏ノ木チャウ 庭ノ木ガ 倒レテン

対比焦点の環境での格標示による文形態の特徴づけでは分裂自動詞性が認められない。

　ただし、対比焦点において、WH応答焦点のときと同様の文形態が用いられてもかまわない。したがって、対比焦点の文脈でWH応答焦点のときの文形態が用いられるとなれば、(21)に示すように、A項ないしS_A項といった動作主項の焦点化にはガによる標示が必須ということになる。

(21) a.　次郎チャウ 太郎ガ ワイン コボシテン
　　 b.　次郎チャウ 太郎ガ アバレテン

そして(22)に示すように、被動者項であるS_P項にはガによる標示があって

もよいし、

(22) a.　裏ノ木チャウ 庭ノ木ガ 倒レテン
　　 b.　ワインチャウ コーヒーガ コボレテン
　　 c.　梅チャウ 桜ガ 咲イテン

(23) に示すように、主語の標示がハダカでもよいということになる。

(23) a.　裏ノ木チャウ 庭ノ木 倒レテン
　　 b.　ワインチャウ コーヒー コボレテン
　　 c.　梅チャウ 桜 咲イテン

　このように述べてくると、対比焦点の文脈では、A項ないしS_A項には一貫してガの標示が必要であり、S_P項にだけガの標示が任意となるわけだから、対比焦点の文形態は、WH応答焦点のそれと同じであると述べればよいのではないか、と思われるかもしれない。すなわち、対比焦点では分裂自動詞性が認められない場合と分裂自動詞性が認められる場合があるという言い方をしなくてもよいのではないか、との疑念を抱かれるかもしれない。しかしながら (20a) と (21a)、(20b) と (21b)、(20c) と (22a)、これらの文形態が同一に見えるのは格標示にのみ着目しているからである。格標示のみならずイントネーションを考慮してもなお、同一ということであれば、対比焦点の文形態はWH応答焦点の文形態と同じであると述べなければならない。しかし (20a) と (21a)、(20b) と (21b)、(20c) と (22a) の文形態の比較ではイントネーションの違いが認められそれぞれの文形態が同一とはいえない (4.4 で詳しく述べる)。したがって、対比焦点の文脈で分裂自動詞性が認められるのは、対比焦点の環境でもWH応答焦点における文形態が通用しているからだと見るべきである。

3.5　格標示による焦点の範囲の調整

　これまでのところを図1としてまとめる。図1は、A項ないしS_A項が関わる場合の、焦点カテゴリーとガのありなしによる文形態の対応を示したも

のである。

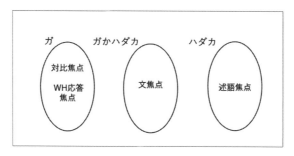

図1　A項ないしS$_A$項が関わる場合

図1においてガが二つの箇所で現れていることに注意しよう。一つは左に置かれた対比焦点、WH応答焦点であることを特徴づけるガであり、もう一つは真ん中の文焦点のところに現れるガである。以下では、京都市方言の焦点の範囲の調整がどのように行われているかを考える。

　A項、S$_A$項がハダカとなるのは述語焦点であるときと文焦点であるときであるので、A項、S$_A$項がハダカとなると、対比焦点ないしWH応答焦点の解釈が抑えられ、述語焦点の解釈や文焦点の解釈の可能性が生じることとなる[2]。すなわちA項やS$_A$項がハダカである場合、述語が必ず焦点の範囲に入ってくることになる。これに対し、対比焦点やWH応答焦点においてはA項、S$_A$項にガの標示が必須であることから、このときのガのはたらきは述語が焦点の範囲に入ってくることを阻止することだと言うことができる。

　では、文焦点の環境で現れるガはどのように説明できるだろうか。先述のように、文焦点の環境で現れるガは、述語の項を同定する手段として有生性効果や語順と競合する（だからこそハダカと交替することになる）という点

---

[2]　先に見たように、WH応答焦点においてS$_A$自動詞文の主語が無生である場合はこの限りではない（ハダカが許される）。ここでは、無生名詞が動作主項となるのがきわめて稀であることを重く見て、有生名詞が動作主項となることと同等に扱わず、ひとまず考察の対象から外しておく。

で、対比焦点や WH 応答焦点を特徴づけるガとは振る舞いが異なる。さらに文焦点の環境で現れるガは、とりたて性が認められないという点において対比焦点や WH 応答焦点を特徴づけるガと性格が異なる。久野 (1978) では、標準語のガに関し、中立叙述という文脈で現れるものと総記と呼ばれる主語の焦点化に関わるものとを区別することが示されてあるが、京都市方言でもガの同音異義を認め、これに応じて、情報構造と文形態の対応を見定めていく必要があるように思われる。すなわち図 1 で対比焦点、WH 応答焦点であることを特徴づけるガは、総記と呼ばれる主語の焦点化に関わるものに相当し、図 1 の文焦点の環境で現れるガは中立叙述の文脈で現れるガに相当する。このように見てくると、情報構造と文形態の対応を見定める際に、文焦点の環境に現れるガと対比焦点や WH 応答焦点を特徴づけるガとを同一視することはできないように思われる。ここでは、文焦点の環境でのガの出現を、情報構造の決定に関わっているとは見ず、述語の項の同定に貢献しているに過ぎないと考えておく。さらに言えば、文焦点におけるハダカについても同様に考えることができる。文焦点でのハダカの現象は、述語の項を同定する手段として有生性効果や語順が選ばれたために生じたもので、ハダカであることに意義があるわけではない。これに対し、述語焦点のハダカはそうであることが述語焦点であることを表しており、そのためそれ以外の形態をとることができない。文焦点で現れるハダカと述語焦点を特徴づけるハダカとを比べた場合、それらは性質が異なる。文焦点の環境に現れるハダカと述語焦点を特徴づけるハダカとを同一視することもできないように思われる。

　焦点における文形態が以上のように理解されるとすれば、A 項、S_A 項が関わる場合においては、対比焦点、WH 応答焦点を含むカテゴリーと述語焦点を含むカテゴリーとが基本的な対立をなしていると見なければならない。パラディグマティックにガとハダカが対立しているからである。この第一義的な対立の中に文焦点をどう位置づけるかについてはむずかしい判断を伴うが、一つのやり方として、対立する焦点カテゴリーのうちどちらでもないということでニュートラルな位置にあると言うことができようか。しかし、次節で扱うイントネーション標示のことを考え合わせるなら、主語焦点化のガ

が生じないということで、文焦点と述語焦点を類似する焦点カテゴリーとみなす方が、京都市方言の共時的な記述としては便利である（5節で後述）。

続いて S_P 項が関わる場合を見てみよう。図2は、S_P 項が関わる場合の、焦点カテゴリーとガのありなしによる文形態の対応を示したものである。図1のときと同じくガが二つの箇所で現れていることに注意されたい。一つは左に置かれた対比焦点であることを特徴づけるガであり、もう一つは真ん中のWH応答焦点、文焦点のところに現れるガである。

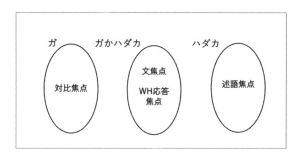

図2　S_P 項が関わる場合

図1にあるように、A項、S_A 項が関わる場合ではガを必須とする焦点カテゴリーに対比焦点とWH応答焦点がおさまっていた。これに対し、S_P 項が関わる場合では、図2の左の楕円にある通り、ガを必須とする焦点カテゴリーにおさまるのは対比焦点だけであり、WH応答焦点は文焦点とともに真ん中の楕円にあってガの標示が任意となるカテゴリーを形成している。

S_P 項がハダカとなるのはWH応答焦点であるとき、文焦点であるとき、そして述語焦点であるときなので、S_P 項がハダカとなると、WH応答焦点、文焦点さらには述語焦点の解釈の可能性が生じてしまうことになる[3]。このことは、A項、S_A 項が関わる場合とは決定的に異なる重要な点である。すな

---

[3] 先に見たように、WH応答焦点において S_P 自動詞文の主語が代名詞である場合はこの限りではない（ハダカが許されない）。しかしここでは、代名詞における格標示の特殊性を重視して有生名詞や無生名詞と同等に扱わず、ひとまず考察の対象から外しておく。

わち A 項や S_A 項がハダカである場合、述語が必ず焦点の範囲に入ってくることになっていたが、S_P 項がハダカである場合は WH 応答焦点の解釈の可能性が生じるので、述語が必ず焦点の範囲に入ってくるということにはならない。よって S_P 項が関わる場合では、A 項や S_A 項が関わる場合のように、述語が焦点の範囲に入ってくることを阻止するためにガによる標示が行われるとはいえない。つまり、ガの標示によって焦点の範囲が決まることにはならず、ガの標示と焦点の範囲は関係づけられていないのである。なお、S_P 項が関わる場合では対比焦点にのみガが必須となるが、これは、対比焦点という焦点カテゴリーがとくに強くガの標示圧力をそなえているからである[4]。これにより、対比焦点では動作主項と被動者項の区別なく一律にガが必須ということになる。対比焦点において S_P 項にガの標示が必須であることは、対比焦点という焦点カテゴリーの性質に帰すことができる。

以上からすると、S_P 項が関わる場合では、対比焦点を含むカテゴリーと述語焦点を含むカテゴリーとが基本的な対立をなしていると言える。そして、WH 応答焦点と文焦点がニュートラルな位置にあると言うこともできるが、やはりここでも、後のイントネーション標示との関係を考慮して、WH 応答焦点と文焦点は述語焦点と類似する焦点カテゴリーとみなしておく。WH 応答焦点と文焦点では、ガの標示が任意であるが、この際に現れるガとハダカは、性質や振る舞いが、A 項や S_A 項が関わる場合の文焦点に現れるガやハダカと同じである。ガについて言えば、述語の項の同定に貢献するものであり情報構造の決定に関与しないので、対比焦点で現れるガと同一視することができない。また、ハダカであることは、述語の項の同定において格標示でない手段が選ばれたことにより生じているので、ハダカであることに意義はなく述語焦点のハダカと同一視されるものではない。

3.6　格標示による脱主題化

先に、A 項、S_A 項が関わる場合と S_P 項が関わる場合とでは、ガのありな

---

[4] 本書下地論文 13 頁における焦点階層に関する議論を参照。

しによる焦点の範囲の定まり方が異なるということを述べた。A項、S_A項が関わる場合では、主語がハダカとなれば述語が焦点の範囲に入ることになり、主語がガで標示されれば述語が焦点の範囲に入ることが阻止されることになる。一方のS_P項が関わる場合では、ガのありなしと述語が焦点の範囲に入るかどうかに関係があることを見出せなかった。両者の違いはWH応答焦点においてガが不可欠かそうではないかという点に求められる。このように、京都市方言ではWH応答焦点における格標示および焦点の範囲の調整のし方において分裂自動詞性が認められたが、これにはどのような要因が考えられるだろうか。

(24ab)に示すように、主語の焦点化が期待される文脈ではハダカが容認されない((24)は(10)の再掲)。

(24) a. (「誰が田中押し出したん」の返答として)
　　　　#山田 田中 押シ出シテン
　　 b. (「誰があばれたん」の返答として)
　　　　#イキナリ 山田 アバレテン

ここでは述語焦点や文焦点の解釈が生じてしまい自然な返答とならない。すでに述べたように、A項、S_A項がハダカであると述語が焦点の範囲に入ってくることになるからである。一方のS_P項の場合は、ハダカであっても述語焦点や文焦点と並んでWH応答焦点の解釈の可能性もあるので、(25ab)は自然な返答となる((25)は(11b)(12b)の再掲)。

(25) a. (「何が倒れたん」の返答として)
　　　　庭ノ木 倒レタ
　　 b. (「何がこぼれたん」の返答として)
　　　　コーヒー コボレタ

(24)と(25)からは、動作主項の焦点化ではガの標示が必要であり、被動者項の焦点化ではガの標示が不要というように、動作主項と被動者項とで焦点化を行う際の容易さに差のあることがわかる。

この分裂自動詞性は、名詞句タイプの主題（topic）という語用論的役割の担いやすさを考慮することで説明することができる。Givón（1994）、本書所収の下地論文が示すように、通言語的に見てA項やS_A項は主題になりやすく、S_P項は主題になりにくいということがある。したがって、A項やS_A項が主題の役割を担うとなればそのための印づけを必要としないということが一つの予測として成り立つ。そして、このようなA項やS_A項が主題でない役割を担うとなれば、S_P項に比して、そのための印づけがより必要となることも考えられてよい。事実、京都市方言では、A項やS_A項が主題の役割を担うとなればハダカとなるし、逆にA項やS_A項が主題でない役割を担うとなれば、S_P項に比して、そのためにガの標示がより必要となる（これは先の（24）と（25）から明らかである）。こうしたことから、A項、S_A項の焦点化に必須であるガは、主題の役割であることの特徴づけをキャンセルする標識、すなわち脱主題化の標識と考えることができる。以上、WH応答焦点におけるA項、S_A項に限られるガの義務的な標示は脱主題化という動機によるものであることを示した。

　WH応答焦点においては項が焦点部分、述語が前提部分となるが、他動詞文とS_A自動詞文では、主語を義務的にガで標示することによってこの情報構造を表すことに貢献している。これに対し、脱主題化という動機づけを必要としないS_P自動詞文は、WH応答焦点においてハダカが許され、ガを必要としないので、上記の情報構造の表示を、S_P項の語用論的な性質に依存していると言うことができる。

　現代の京都市方言には焦点標識が存在せず、述語焦点であることを表す終助詞類もないので、以上に述べてきたように、他動詞文とS_A自動詞文においてはガのありなしによって焦点位置の調整が行われており、これに対しS_P自動詞文では、格標示によって焦点位置の調整が行われるのではなく、代わりにS_P項の語用論的な性質に依存していると言える。

4. イントネーション標示

前節では、格標示を手段とする場合を考察したが、これは、京都市方言における情報構造の決定に関わる手段の一方に光を当てたに過ぎない。本節では、イントネーションを手段とする情報構造と文形態との対応を見る。以下に示すピッチ曲線は Praat を用いて作成したものである。

4.1 文焦点

ここでは、文焦点の文脈が求められるので、話者には「そういえば昨日」に続いて、分析の対象となる他動詞文、S_A 自動詞文、S_P 自動詞文を発話してもらっている。まずは、他動詞文のピッチ曲線を (26) に示す。

(26) 他動詞文「太郎（が）ワインこぼしてん」　※ガの標示は任意

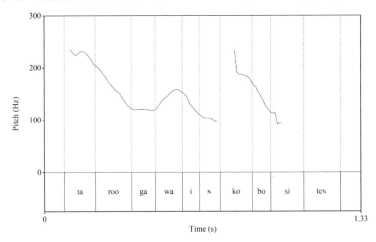

(26) に示す文は、山（＝ピッチのもり上がり）が3つあり、3つのイントネーション句から成っていることがわかる。続いて S_A 自動詞文のピッチ曲線を示す。

(27) S_A 自動詞文「太郎（が）あばれてん」　※ガの標示は任意

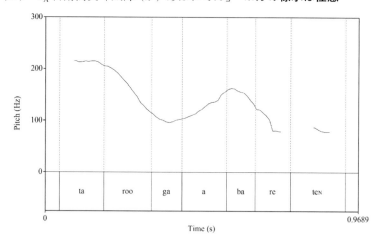

山の数から 2 つのイントネーション句が生じていることがわかる。さらに (28) には、S_P 自動詞文のピッチ曲線を示しているが、S_P 自動詞文においても 2 つのイントネーション句が生じていることがわかる。

(28) S_P 自動詞文「庭の木（が）倒れてん」　※ガの標示は任意

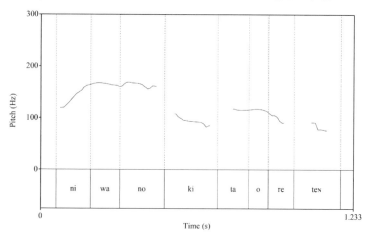

文焦点の文脈においては、他動詞文、S_A自動詞文、S_P自動詞文の別なく、項と述語のそれぞれがイントネーション句を形成すると言うことができる。

4.2　述語焦点

項と述語のそれぞれがイントネーション句となっていることは、述語焦点の場合でも同様である。(29)(30)(31)にそれぞれの文型を示す。

(29)　他動詞文「太郎ワインこぼしてん」　※ガの標示は不可

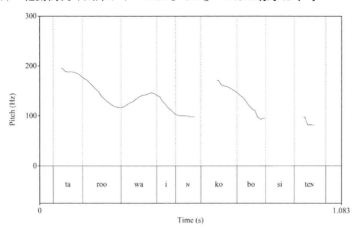

(30)　S_A自動詞文「太郎あばれてん」　※ガの標示は不可

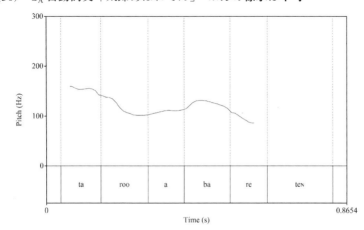

(31) S_P 自動詞文「庭の木倒れてん」 ※ガの標示は不可

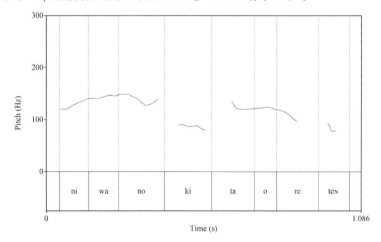

同じ文型同士で文焦点のピッチ曲線と述語焦点のピッチ曲線を比べてみると、(29) と (26)、(30) と (27)、(31) と (28) のそれぞれにおいて違いは認められない。そうすると項と述語のそれぞれがイントネーション句となる文形態は、文焦点においても述語焦点においても通用すると言うべきである。

4.3 WH応答焦点

焦点がイントネーション句の形成に与える効果に関しては、東京方言に限り豊富な記述がある。その効果は焦点の置かれる語の始端にイントネーション句境界が挿入され、焦点の置かれた語とそれに後続する語が同一のイントネーション句にまとめられるというものである（川上 1957、Pierrehumbert and Beckman 1988、藤崎 1989、郡 1997）。以下に見るように、京都市方言においても同様の効果を認めることができる。さて、WH応答焦点において他動詞文は次のようなピッチ曲線を示す。(32) では、目的語と述語に山がなく、文全体が1つのイントネーション句であることがわかる。

(32) 他動詞文「太郎がワインこぼしてん」　※ガの標示は必須

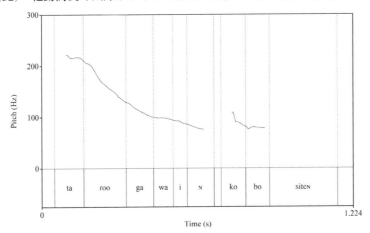

ただし、前川（1997）で述べられるように、この種の発話において述語のアクセントは保持されていると言うべきかもしれない。S_A自動詞文でも同様のことが見てとれる。やはり述語に山はなく、文全体が一つのイントネーション句であることがわかる。

(33) S_A自動詞文「太郎があばれてん」　※ガの標示は必須

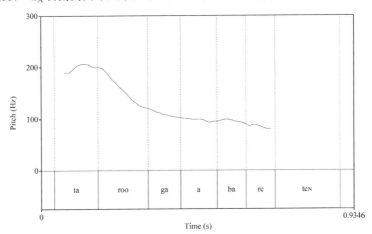

ところが、WH応答焦点におけるS_P自動詞文では文全体が一つのイントネーション句とならず、次のようなピッチ曲線を示すことになる。

(34)　S_P自動詞文「庭の木（が）倒れてん」　※ガの標示は任意

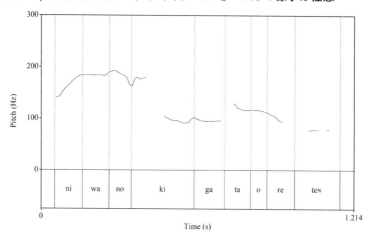

S_P自動詞文では、項と述語が別のイントネーション句として分かれていることが見てとれる。その証拠に(34)を、文焦点の(28)や述語焦点の(31)と比べてみてもそれらに違いがない。

　他動詞文とS_A自動詞文では焦点の後の要素がイントネーション句を形成しないが、S_P自動詞文では焦点の後の要素がイントネーション句を形成するという非対称な現象が生じている。このように京都市方言では、イントネーション標示においても分裂自動詞性が認められるのである。

4.4　対比焦点

　最後に対比焦点の場合を見てみよう。

(35) 他動詞文「太郎がワインこぼしてん」 ※ガの標示は必須

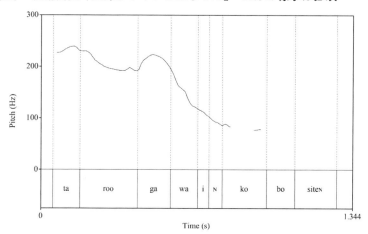

(36) S_A 自動詞文「太郎があばれてん」 ※ガの標示は必須

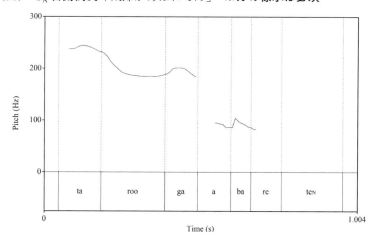

(37)　S_P 自動詞文「庭の木が倒れてん」　※ガの標示は必須

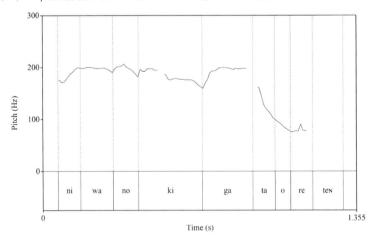

　対比焦点では、他動詞文、S_A 自動詞文、S_P 自動詞文のいずれにおいても、焦点のある単語自体ではなく、その直後の「が」を高くすることでプロミネンスが示される。そして、その「が」の後ろの要素に山はなく、述語のイントネーション句の形成が抑止されることになる。

　3.4 で言及したように、対比焦点の文脈でも、WH応答焦点における文形態を用いることができる。格標示だけであれば、対比焦点だけに用いられる文形態と、WH応答焦点にも対比焦点にも用いられる文形態との違いがわかりにくいが、4.3 と 4.4 で示すところを見比べてみると、それら文形態の違いがイントネーションに反映されていることがよくわかるであろう。

4.5　イントネーション標示による焦点の範囲の調整

　イントネーション標示による焦点の範囲の調整はどのように行われているのだろうか。ここでは、述語がイントネーション句を形成するかどうかという点に着目して焦点カテゴリーとイントネーション標示との対応を示す。

　まずは他動詞文と S_A 自動詞文の場合を考えよう。4.1、4.2 で示したデータからわかるように、文焦点や述語焦点の文脈となれば述語で一つのイント

ネーション句が形成されることになる。これに対し、4.3、4.4 に示すデータからわかるように、WH応答焦点や対比焦点となれば述語はそれ自体でイントネーションのまとまりを示すことはない。以上を図示すれば次のようになる。なお、図3ではイントネーション句のことを音調句と記している。

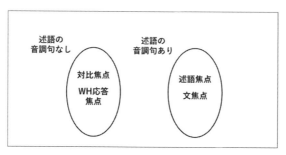

図3　他動詞文ないし S_A 自動詞文の場合

一見して明らかなように、述語がイントネーション句としてまとまりを示す場合に述語が焦点の範囲に入る解釈が生じ、そうでなければ述語が焦点の範囲から外れる解釈が生じることになっている。

　次に S_P 自動詞文についてであるが、4.1、4.2、4.3 で示したところからわかるように文焦点と述語焦点のみならずWH応答焦点においても述語で一つのイントネーション句が形成されることになる。そして述語がそれ自体でイントネーションのまとまりを示さないのは対比焦点だけである。このことを図4として次に示す。

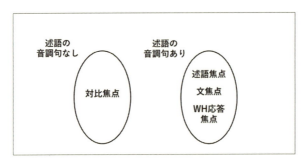

図4 S_P 自動詞文の場合

　S_P 自動詞文の場合では、他動詞文や S_A 自動詞文の場合のように、述語がイントネーション句としてのまとまりを示せば述語が焦点の範囲に入ってくるということにはならない。WH 応答焦点において、述語がイントネーション句を形成しながらも述語が焦点の範囲から外れる解釈が成り立つからである。
　ところで図3では、対比焦点と WH 応答焦点を同じカテゴリーにまとめてあるが、両者がイントネーションの違いを伴って明瞭に区別されるのはすでに述べた通りである。また図3で述語焦点と文焦点を同じカテゴリーにまとめてあるが、これらがイントネーションの違いを伴い区別されることもすでに述べた通りである。ここでは、それぞれの焦点カテゴリーのより細かな対立よりも、イントネーション標示による焦点の範囲の調整について述べる必要があるために、図3や図4に示す解釈を優先している。
　京都市方言は、各焦点カテゴリーの対立を個別に表し分ける手段を持ち合わせている一方で、WH 応答焦点の文形態が対比焦点の文脈でも通用するということがあり、対比焦点と WH 応答焦点の区別にさほど頓着しない。また、述語焦点と文焦点のいずれにも通用するイントネーションがあって、述語焦点と文焦点の区別にもさほど頓着しない。こうした柔軟さがあるのも事実である。

4.6　イントネーション標示による脱主題化

　以上のように他動詞文、S_A 自動詞文の場合と S_P 自動詞文の場合とでは焦

点の範囲の定まり方が異なる。他動詞文、S_A自動詞文の場合では、述語がイントネーション句を形成すれば述語が焦点の範囲に入ることになり、そうでなければ述語が焦点の範囲に入らない。一方のS_P自動詞文の場合では述語のイントネーション句の形成と述語が焦点の範囲に入ることとになんら関係がない。ここに、イントネーション標示と焦点の範囲の調整のし方において分裂自動詞性が認められることとなる。この現象を引き起こす動機はどのようなものだろうか。

　格標示による脱主題化のことを思い起こそう。京都市方言のWH応答焦点では、主題になりやすいA項、S_A項が主題でない役割を担うことになれば、主題になりにくいS_P項に比して、脱主題化の印づけをより必要とすることがあった。問題のWH応答焦点における他動詞文、S_A自動詞文の述語のイントネーション句の抑制も、この脱主題化の印づけを行っているように思われる。

　言うまでもなく、文が主題の役割を果たす名詞句を含むなら、それは「主題─解説」の情報構造を持つことになる。これは本稿で、述語焦点と呼ぶ情報構造に等しい。主題の役割を果たす名詞句を含む文は必ず述語が焦点となるから、述語が焦点であることは主題の役割を果たす名詞句がそうあるための必要条件である。だとすれば、述語の脱焦点化はシンタグマティックな関係にある名詞句が主題の役割を担えないことを、つまりその脱主題化を意味することになるので、述語の脱焦点化は名詞句の脱主題化と等しい効果を持つことになる。この観点からすれば、京都市方言のWH応答焦点における他動詞文、S_A自動詞文では、述語のイントネーション句の抑止により述語を脱焦点化することで、結果として脱主題化を果たしていると見ることができる。この意味で、本稿は、他動詞文、S_A自動詞文の述語のイントネーション句の抑制を脱主題化の印づけと考える。これに対し、S_P自動詞文の方は、そもそもS_P項が脱主題化されたような性質をそなえており、そのためイントネーション句の抑止という脱主題化に関与する印づけを必要としないのだと理解することができる。

　WH応答焦点では項が焦点部分、述語が前提部分となるが、他動詞文、S_A

自動詞文では、述語の方の標示としてイントネーション句が抑止されることにより、この情報構造を表すことに貢献している。これに対し、デフォルトで「主題―解説」構造を持ちにくく、そのために脱主題化という動機づけを必要としない S_P 自動詞文は、WH応答焦点において述語でイントネーション句が形成されることになる。これは、S_P 自動詞文では、項が前提部分、述語が焦点部分という情報構造と、項が焦点部分、述語が前提部分という情報構造とを区別する印づけを必要としないということである。

京都市方言の他動詞文と S_A 自動詞文では、焦点位置の調整を行う際に、格標示のみならずイントネーションをもその手段としている。一方の S_P 自動詞文の焦点位置の調整は格標示やイントネーション標示によるのでなく、一貫して S_P 項の語用論的な性質に依存していると言わねばならない。

5. 格標示とイントネーション標示の協調

以上のように、情報構造の区別に対応して、格標示とイントネーション標示を用いて文形態が特徴づけられるということになれば、両者はどのような関係にあると言えるだろうか。情報構造の決定に際して格標示とイントネーション標示がどのように協調しているかについて整理してみよう。

表3と表4は、他動詞文、S_A 自動詞文の場合と S_P 自動詞文の場合とに分け、各焦点カテゴリーを表す文形態として、主語の格標示の現れと述語のイントネーション句の形成がどうなっているかについてまとめたものである。この表中でもイントネーション句のことを音調句と記している。

表3 他動詞文、S_A 自動詞文の場合

	対比焦点	WH応答焦点	文焦点	述語焦点
主語 格標示	ガのみ	ガのみ	ガ／ハダカ	ハダカ
述語 音調句	なし	なし	あり	あり

表 4　S_P 自動詞文の場合

	対比焦点	WH 応答焦点	文焦点	述語焦点
主語 格標示	ガのみ	ガ／ハダカ	ガ／ハダカ	ハダカ
述語 音調句	なし	あり	あり	あり

　まずは、各焦点カテゴリーにおける「主語 格標示」のあり方と「述語 音調句」のあり方の組み合わせに注意しよう。上側の「主語 格標示」で「ガのみ」とあれば下側の「述語 音調句」が「なし」となっている（網かけ部分を参照）。主語焦点化のガが現れると述語でのイントネーション句の形成が抑止されるわけである。この一方で、上側の「主語 格標示」の方で「ガ／ハダカ」ないし「ハダカ」とあれば、下側の「述語 音調句」は「あり」となっている（網かけのない部分を参照）。これは、主語焦点化のガが現れなければ、述語のイントネーション句が形成されることを表している。そうすると京都市方言では、主語焦点化のガと述語のイントネーション句は共起しないという、共起制限が存すると見ることができる。この制限からは「主語焦点化のガあり―述語イントネーション句なし」「主語焦点化のガなし―述語イントネーション句あり」という二つの文形態だけが導かれるが、この二つの文形態があればどの焦点カテゴリーをも表すことができるので、この共起制限は、京都市方言の情報構造を区別する上で本質的なものと思われる。ここに本稿は、京都市方言の情報構造を表し分ける文形態についての制限を見出したことになる。

　次に、それぞれの焦点カテゴリーにおいて文形態のあり方が表 3 と表 4 で共通しているかどうかに注意したい。WH 応答焦点のところだけ、表 3 では網かけ、表 4 では網かけなしということで、文形態のあり方が異なっていることがわかる。WH 応答焦点に限り分裂自動詞性が認められるからである。この分裂自動詞性の形式的な特徴づけをより具体的に見てみよう。他動詞文、S_A 自動詞文の方では、すでに見たように、ガの義務的な標示、述語のイントネーション句の抑止はともに述語が焦点の範囲に入ってこないことを表す印づけであった。そうすると WH 応答焦点における他動詞文、S_A 自

動詞文の文形態は、同じ効果をあげる二つの手段を主語と述語に振り分けて用いて、いわば念入りに項の焦点化を表すための印づけを行っていると言うことができる。これに対し、WH応答焦点における S_P 自動詞文の文形態は、主語の格標示においても述語のイントネーション標示においても他動詞文、S_A 自動詞文の文形態と異なっている。

以上のように、情報構造を区別する本質的な規則においても、WH応答焦点における他動詞文、S_A 自動詞文の文形態の特徴づけにおいても、そして分裂自動詞性の印づけにおいても格標示とイントネーション標示は協調している。

6. 京都市方言の独自性

最後に通言語的研究の成果をふまえ、京都市方言の構文上で認められる焦点カテゴリーの対立が独自のあり方を示すことに言及する。Lambrecht (1994) はその名の通り情報構造と文形態の対応をテーマとする通言語的研究であるが、この研究の展開が Lambrecht (2000) で示されている。Lambrecht (2000) はさまざまな言語における文焦点カテゴリーの標示についての調査・比較に基づき、文焦点標示に広く認められる傾向を見出している。

まず、文焦点であることを表す文形態は、同一言語内で対応する述語焦点構文と区別されなければならないという (The Principle of paradigmatic Contrast, 以下、語用論的対立の原則と呼ぶ)。そして、文焦点構文と述語焦点構文との形式的な対立は、述語焦点構文における主語かつ主題であることを表す特徴づけをキャンセルすることで表されると述べられる (The Principle of Detopicalization, 以下、脱主題化の原則とする)。さらには、文焦点構文における主語は述語焦点構文の焦点の範囲にある目的語の特徴づけを用いてコード化される傾向があるとされる (The Principle of Subject-Object Neutralization, 以下、主語・目的語中和の原則とする)。なお、Lambrecht (2000) では、述語焦点、文焦点などの焦点カテゴリーは意味的な範疇を捉えたものではなく、文構造と必ず相関する文法的な範疇を捉えたものであると

定められている。このように Lambrecht（2000）では、述語焦点構文との語用論的な関係を重視することで文焦点構文の形式と機能の関係に説明が与えられているが、この説明の要点は、述語焦点構文がデフォルトとしてあり、そこに動機が与えられて文焦点構文が有標として区別されるということである。

　さらに注目すべきは、英語をはじめ多くの言語で、項焦点の文形態と文焦点の文形態に区別がないことを Lambrecht（2000）が見出していることである[5]。通言語的には、文焦点と述語焦点の曖昧性よりも文焦点と項焦点の曖昧性の方がより許されることになるわけであるが、これについて、Lambrecht（2000）は、文焦点と項焦点は主語が non-topical ということで述語焦点と対立しながら語用論的な特性を共有しているからだと説いている。言い換えれば、無標の述語焦点と有標の文焦点、項焦点とを体系的に区別するのは主語の語用論的な役割なので、機能的な観点から文焦点と項焦点の同音性は許されるのだという。なお、ここでいう項焦点は、WH応答焦点と対比焦点を含むより上位の焦点カテゴリーと理解されたい。

　さて、京都市方言のあり方を以上の通言語的な傾向と比較してみるとどうであろうか。まず、語用論的対立の原則に関して言えば、京都市方言では文焦点構文と述語焦点構文との同音性が許されるので（(26)(27)(28)と(29)(30)(31)を参照）、この原則に従っているとは言えない。次に、脱主題化の原則に関して言うと、これも文焦点構文と述語焦点構文との同音性が許されるので、この原則に従うとは言えない。そして主語・目的語中和の原則に関しては、文焦点構文の主語がヲで標示されるわけでもなく、イントネーション標示の方でも文焦点構文の主語と述語焦点構文の目的語に通じる現象を認めがたいので、やはりこの原則に従っているとは言えない。さらには、文焦点と項焦点の同音性についてはどうか。このことは S_P 自動詞文には当てはまるが、他動詞文、S_A 自動詞文の場合には当てはまらない（先の表1と表2を参照）。ただし京都市方言の S_P 自動詞文では、対比焦点を除く述語焦点、文焦点、項焦点において形式上の区別が中和しており、そもそも Lambrecht

---

[5]　多くの言語ではこうした形式的な区別を必要としないが、ボニ語のように、文焦点と項焦点の対立を体系化している言語もある（Sasse 1987）。

(2000) による文焦点と項焦点の同音性の説明が全く意味をなさない。

先に述べたように京都市方言には分裂自動詞性が認められるので、他動詞文、S_A自動詞文の場合とS_P自動詞文の場合とを別個に扱う必要がある。これに加え、情報構造の区別に際し本質的な制限である、主語焦点化のガと述語のイントネーション句に関する共起制限がある。したがって他動詞文、S_A自動詞文の場合では、対比焦点、項焦点のグループと文焦点、述語焦点のグループが大きく対立し、S_P自動詞文の場合では、対比焦点と項焦点、文焦点、述語焦点のグループとが大きく対立すると見なければならない。こうしてみると、京都市方言は通言語的な傾向とはなはだかけ離れていると言わざるを得ない。

京都市方言の他動詞文、S_A自動詞文において、語用論的対立が文焦点と述語焦点ではなく項焦点と述語焦点に顕著に認められることは特筆に値しよう。また、項焦点構文であることを、述語焦点の主語かつ主題であることを表す特徴づけをキャンセルすることで（すなわちガの標示と述語のイントネーション句の抑制で）表す点も重要である。このように、京都市方言における語用論的対立や脱主題化が、項焦点と述語焦点をめぐって生じていることは、通言語的研究における理論的な考察にとって少なからず意義のあることのように思われる。

7. おわりに

以上本稿は、京都市方言における情報構造と文形態の対応がどのようなものであるかを考察してきたが、その結果、当方言では項焦点において格標示を手段とする場合にもイントネーション標示を手段とする場合にも分裂自動詞性が認められ、脱主題化という目的のために二つの手段が協調しているということが明らかになった。そしてこの分裂自動詞性は、より巨視的に見れば、京都市方言の焦点の範囲の調整のし方が他動詞文、S_A自動詞文とS_P自動詞文とで異なることにより生じていると考えられる。

5節で見たように情報構造を表し分ける際に、他動詞文、S_A自動詞文で

は格標示、イントネーション標示に依存しており、S_P 自動詞文ではそれらにほとんど依存していないということからすると、京都市方言は、動作主項（A 項、S_A 項）と被動者項（S_P 項）の語用論的性質が構文上のコード化に反映されている言語ということになる。つまり項の語用論的性質が分裂自動詞性をもたらしているということである。こうした京都市方言の分裂自動詞性を、従来行われてきたように非対格仮説によって説明するのは不可能である[6]。なぜなら非対格仮説で説明できるのであれば、どの焦点カテゴリーにおいても分裂自動詞性が認められてもよいはずであるが、京都市方言は項焦点にしか分裂自動詞性を示す現象が現れないからである。現代日本共通語（口語）（本書所収の下地論文）、沖縄県久高島方言（同じく新永論文）でも同趣のことが論じられていることからすると、項の語用論的性質に着目することは日琉諸語の分裂自動詞性の解明にとってきわめて重要であると思われる。

付記

本稿は JSPS 科学研究費補助金による基盤研究（C）「日本語の分裂自動詞性」（26370549）および平成 29・30 年度成城大学特別研究助成における研究成果の一部である。また本稿は、日本言語学会 152 回大会ワークショップ「日本語方言のケースマーキングのとりたて性と分裂自動詞性」（2015 年 11 月 30 日、名古屋大学）、成城大学大学院文学研究科・国立国語研究所共同研究プロジェクト「日本の消滅危機言語・方言の記録とドキュメンテーションの作成」共催シンポジウム「私たちの知らない〈日本語〉：分裂自動詞性と格標示」（2017 年 7 月 2 日、成城大学）における口頭発表に基づくものである。本稿の一部につき、第 105 回九州大学言語学研究会（2017 年 12 月 22 日、九州大学）で発表する機会もあった。それぞれの席上およびその後にて、上山あゆみ氏、風間伸次郎氏、木部暢子氏、久保智之氏、下地理則氏、田窪行則氏、堤良一氏をはじめ、多くの方々から有益なコメントをいただいた。記して御礼申し上げます。

参照文献

藤崎博也（1989）「日本語の音調分析とモデル化：語アクセント・統語構造・談話構造と音調との関係」杉藤美代子（編）『講座日本語と日本語教育 2：日本語の音

---

[6] 非対格仮説を用いて日本語の分裂自動詞性（非対格性）を説明した研究に、よく知られているところで影山（1993）がある。

声・音韻 (上)』266–297. 東京：明治書院.
Givón, Talmy（1994）The pragmatics of de-transitive voice: Functional and typological aspects of inversion. In: Talmy Givón（ed.）*Voice and inversion*, 3–44. Amsterdam: John Benjamins.
影山太郎（1993）『語形成と文法』東京：ひつじ書房.
川上蓁（1957）「東京語の卓立音調」『国語研究』6: 21–31.
郡史郎（1997）「日本語のイントネーション：型と機能」国広哲弥・河野守夫・広瀬肇（編）『日本語音声2：アクセント・イントネーション・リズムとポーズ』169–202. 東京：三省堂.
久野暲（1978）『日本文法研究』東京：大修館書店.
Lambrecht, Knud（1994）*Information structure and sentence form: Topic, focus, and the mental representations of discourse referents*. Cambridge: Cambridge University Press.
Lambrecht, Knud（2000）When subjects behave like objects: An analysis of the merging of S and O in sentence-focus constructions across languages. *Studies in Language* 24(3): 611–682.
前川喜久雄（1997）「3. 日本語疑問詞疑問文のイントネーション」音声文法研究会（編）『文法と音声1』45–53. 東京：くろしお出版.
Pierrehumbert, Janet and Mary Beckman（1988）*Japanese tone structure*. Cambridge, Mass.: MIT Press.
佐々木冠（2008）「主語の格形式が二つあること」『言語』37(6): 80–87.
Sasse, Hans-Jürgen（1987）The thetic/categorical distinction revised. *Linguistics* 25: 511–580.
下地理則（2016）「南琉球与那国語の格配列について」田窪行則・ホイットマン ジョン・平子達也（編）『琉球諸語と古代日本語：日琉祖語の再建にむけて』173–203. 東京：くろしお出版.
下地理則（2017）「日琉諸語における焦点化と格標示」コーパス合同シンポジウム「コーパスに見る日本語のバリエーション：助詞のすがた」3月9日、国立国語研究所.
竹内史郎・松丸真大（近刊）「本州方言における他動詞文の主語と目的語の区別について：京都市方言と宮城県登米町方言の分析」木部暢子・竹内史郎・下地理則（編）『日本語の格表現』東京：くろしお出版.
角田太作（2009）『世界の言語と日本語：言語類型論から見た日本語 改訂版』東京：くろしお出版.

第4章

沖縄県久高島方言の
文法関係と情報構造の関係

新永悠人

1. 概要

　本稿では、沖縄県の久高島で話されている方言(以下、久高島方言)の文法関係(主語と目的語)と情報構造(主題と題述)の関係を考察する。久高島方言には、主語を示す有形の標識(主格)が2種類(=ga と =nu[1])ある(詳細は2節を参照)。一方、目的語を示す有形の標識は存在しない。主題は =ja で示され、題述は =du で示される(詳細は3節と4節を参照)。これらの標識はその存在によって常に特定の機能(主語、主題、題述)を標示する。しかし、これらの機能を表す際に、必ず有形の標識(=ga、=nu、=ja、=du)を使うわけではない。主語であっても =ga や =nu が付かない場合、主題であるのに =ja が付かない場合、題述であるのに =du が付かない場合は存在する。本稿では、考察対象となる語(幹)に助詞が一切後続しないことを「ハダカ」と呼ぶことにする。ハダカを考慮に入れた上で、久高島方言における文法関係と情報構造の標示方法をまとめると、以下の表1のようになる。

---

[1] それぞれの標識のイコール(「=」)は接語境界を示す。

表1　久高島方言の文法関係と情報構造の標示

【統語機能】	【情報構造】	
	主題	題述
主語	=ja、ハダカ	=(n)ga=du、=ga、(=nu=du、)=nu、ハダカ
目的語	=ja、ハダカ	=du、ハダカ

表1より、主語標識（=ga、=nu）と主題標識（=ja）、題述標識（=du）の共起関係について、以下の3点が分かる。

(1)　久高島方言の主語標識と主題・題述標識の共起関係
　　・主語標識（=ga、=nu）と主題標識=ja は共起しない
　　・主語標識=ga と題述標識=du は共起する
　　・主語標識=nu と題述標識=du は共起しにくい[2]

以下では、表1の（ハダカも含めた）形式の使い分けについて具体例をもとに考察をする。議論の前提として、1.1 で久高島方言の概要を述べ、1.2 で調査データの概要を述べる。その後、まず2節で主語を標示する =ga と =nu、およびハダカについて考察する。具体的には、動作主性との関係を2.1 で、意志性との関係を2.2 で、最後に名詞類階層（いわゆる「名詞句階層」または「有生性の階層」）との関係を2.3 で考察する。続く3節で題述について考察し、4節では主題について考察する。最後に5節で全体をまとめる。

1.1　久高島方言の概要

久高島は、沖縄本島の南端からわずかに東の海洋上に浮かぶ、縦長の小さな島（北端から南端までは5kmほど）である（図1と図2を参照）[3]。系統は、北琉球諸語の沖縄語に属する（Pellard 2009: 257）。中本（1985: 184）には、「久高

---

[2]　作例調査の場合、第1回答に =nu=du が現れることはなく、必ず =ga=du で回答する。敢えて言えるかどうか尋ねると、消極的に =nu=du も回答する。

[3]　図1と図2は国土地理院が web 上で公開している「地理院地図」を筆者が加工したものである。

島方言は、首里王朝の言語が成立して沖縄中南部方言に影響を与える以前から、一方言として分岐していたものと考えることができる」とある。久高島の総人口は 228 人（男性 115 人、女性 113 人；2018 年 3 月末時点）である[4]。若年層への方言の継承はなされていないため、話者数はこれを大きく下回る。

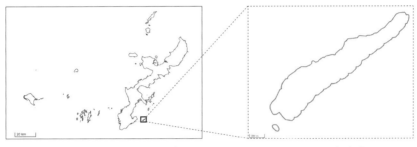

図 1　沖縄本島と周辺の離島　　図 2　久高島

久高島方言の母音と子音の目録を以下に示す。音声表記における波線は自由交替を示す。

表 2　久高島方言の母音目録

	Front	Central	Back
High	i		u
Mid	e		o
Low		a	

4　南城市のホームページからダウンロードできる「南城市人口統計」（http://www.city.nanjo.oki nawa.jp/about-nanjo/introduction/population.html）の「h30 行政区別人口」より。2018/4/6 サイト確認。

表3　久高島方言の子音目録

			両唇	歯茎・硬口蓋	軟口蓋・声門
阻害	有声		b	d[d~ɾ]	g
	無声	無気	p[p~pˀ]	t[t~tˀ]	k[k~kˀ]
		有気	pʰ[pɸ~ɸ]	tʰ[tsʰ~s̠]	h[h, ç, ɸ]
鼻音			m	n	
接近			w	j	

久高島方言の音節構造は ((C1) C2 (G)) V1 (V2) または ((C1) C2 (G)) V1 (C3) である。C1 には鼻音（原音素；本稿では /n/ で表記する）のみが入り、その他の C には子音、G には接近音、V には母音が入る。「歯茎阻害音 +/j/」の音声的実現は以下の通りである：/dj/[d͡z~d͡z]（語頭）、[z̃~z]（語中）；/tj/[t͡ɕ]；/tʰj/[ɕ~s]。久高島方言の文法概説は新永 (2016) を参照されたい。

1.2 調査データの概要

本稿の分析内容は作例調査によるデータ①およびデータ②と、自然談話資料のデータ③に基づく。2 節以降の考察を読む際に適宜参照されたい。

(2)　本稿で用いる調査データ
データ①（2.1 と 2.2 で扱う；調査文は稿末の付録 1）
・調査手法：作例調査
・調査目的：動作主性と主語標示の関係を調べる
・調査日：2015 年 8 月 9 日、13 日、14 日
・データ量：他動詞文 18 例、自動詞文 36 例
・コンサルタント：UM 氏、女性、1929 年生まれ（調査時に満 85 歳）、久高島生まれ、育ち。19 歳、20 歳ごろに沖縄本島で生活。両親ともに久高島出身。
・調査方法：動作主性を調べる調査票（下地理則氏からの提供；下地 2016: 204–207 を参照）を用いて調査。動作主性は、意志性、有

生性、活動性、被動性、安定性を基準に測定した。日本語標準語の単文（他動詞文と自動詞文）を久高島方言に翻訳してもらう。その際、文全体が題述ドメインになるよう文脈をコントロールした（具体的には、*kjaa tja ga?*「どうした？」への返答として答えてもらった）。本稿で用いるデータは（特に注記が無い限り）話者が最初に答えたもの（第1回答）に基づく。

データ②（3節で扱う：調査文は稿末の付録2）
・調査手法：作例調査
・調査目的：題述の種類に応じた標示の違いを調べる
・調査日：2017年11月22日
・データ量：他動詞文18例、自動詞文9例
・コンサルタント：データ①と同じUM氏（調査時は満88歳）
・調査方法：題述タイプ（対比題述、WH題述、WH応答題述）、自動詞・他動詞の区別、文タイプ（平叙文、疑問文、命令文）、題述ドメイン（主語、目的語、動詞、文全体）の各要素を組み合わせた日本語標準語の単文を用意し、久高島方言に翻訳してもらった。

データ③（2.3と4節で扱う）
・調査手法：自然談話資料の分析
・調査目的：主語と目的語に付く標識を調べる
・収録日時：2013年5月10日
・データ量：66分24秒
・コンサルタント：US氏、男性、1927年生まれ（収録時に満85歳）、久高島生まれ、育ち。15歳から半年ずつカツオ漁で石垣島の方へ行っていた（計4年間ほど）。17歳のときに戦争防衛隊へ招集された。両親ともに久高島出身。
・調査方法：US氏の戦争体験をUY氏（男性、1948年生まれ、久高島生まれ、育ち。16歳から50歳ぐらいまで沖縄本島などで生活）に語ってもらう。ほぼモノローグに近い。その録音データを

UY 氏とともに書き起こした。書き起こしたテキストデータから、主語、目的語の名詞句を見つけ、それぞれに S（自動詞主語）、A（他動詞主語）、P（他動詞目的語）のタグを貼り付けたあと、テキストエディターとエクセルを利用して分類整理した。

2. 主語標示 (=*ga*、=*nu*、ハダカ)

　久高島方言の主語を標示する標識（主語標識）には =*ga* と =*nu* の 2 種類が存在する。その一方で、主語には一切の標識が付かない場合（ハダカ）も存在する。琉球諸方言と九州諸方言の多くが、久高島方言と同様に主語標示に =(*n*)*ga*、=*nu*（琉球）/=*no*（九州）、ハダカのいずれかを用いる。いずれの方言においても、これらの標識の使い分けには名詞類階層が大きく関与する（2.3 を参照）。それに加え、先行研究ではさらに 2 つの基準が関わるとの報告がある。その 1 つは動作主性であり（与那国島方言；下地 2015a: 109–111）、もう 1 つは意志性である（現代熊本市方言；坂井 2013: 71）。

　結論を先に述べると、久高島方言の =*ga* と =*nu* の使い分けは、動作主性または意志性と関係があるとは言えない。まず 2.1 で、動作主性との関係があるとは言えないことを示す。次の 2.2 で、意志性との関係があるとは言えないことも示す。最後の 2.3 で名詞類階層とは関係があることを示す。

2.1　動作主性との関係

　1.2 のデータ①で示した調査より、久高島方言の主語標示 (=*ga*、=*nu*、ハダカ) と動作主性との関係を調べた。動作主性は意志性、有生性、活動性、被動性、安定性という 5 つの素性の合計値（それぞれの素性は「+」であれば 1 点、「-」であれば 0 点として換算）から判断する。具体的には、「歩く」という意味の自動詞であればすべての素性が「+」であるため動作主性は 5 点満点となり、「折れる」という意味の自動詞であればすべてが「-」であるため動作主性は 0 点となる（具体例は稿末の付録 1 を参照；動作主性についての詳細は下地 2016: 188–190 を参照）。

第 4 章　沖縄県久高島方言の文法関係と情報構造の関係 | 109

　与那国島方言では動作主性と主語標示に相関がみられ、（文全体が題述ドメインの場合に）他動詞主語は常に =nga を取り、自動詞主語では動作主性が高い場合には =nga を、低い場合にはハダカを取る（現代与那国島方言の主語標示では =nu は使用されない。また、主語標示に =ga という形式はなく、常に =nga という形式を用いる；下地 2016: 184）。

　一方、久高島方言の主語標示でも、（同じく文全体が題述ドメインの場合に）他動詞主語は常に =ga を取る。しかし、自動詞主語は動作主性の大小に関わりなく =ga、=nu、ハダカを取った。以下に、自動詞主語のデータを示す（調査で得られた具体的な発話文は稿末の付録 1 を参照されたい）。

表 4　久高島の自動詞文の主語標示と動作主性の関係

	【動作主性の合計値】						合計数
	5	4	3	2	1	0	
【標示】	【該当例文数】						
=ga	2	3	2	2	4	1	14
=nu	2	4	5	5	1	3	20
ハダカ	0	0	0	0	2	0	2
合計数	4	7	7	7	7	4	36

表 4 は動作主性の各合計値と各主語標示（=ga、=nu、ハダカ）の関係を示したものである。具体的には、5 から 0 の動作主性の合計値を取る自動詞文において、どの主語標示が使用されたかを数え挙げたものである。ハダカの使用例は少なく（2 例のみ）、=ga と =nu を使用する例文数についても、動作主性の合計値に応じた異なりは大きくないように見える。ここで、動作主性の合計値と各主語標示の使用数に統計的に有意な偏りが見られるかどうか（例えば、動作主性が高いほど =ga を使用するかどうか、など）を検討するために、フィッシャーの正確確率検定（Fisher's exact probability test）を行った。その結果、$p=0.390$ であり、統計的に有意な偏りは見られなかった[5]。従って、

5　ここで言う「$p=0.390$」とは、特に偏りが無い場合に理論的に表 4 のような（あるいはそれ以上の）バラつきが生じる確率である。その確率が 39% ということは、表 4 のような

久高島方言においては、動作主性の大小が格標示の選択に関与していると言うことはできない。

よって、久高島方言には、動作主性が高い場合と低い場合で自動詞の主語標示が分裂するような現象（つまり、分裂自動詞性を示す現象）は存在しない[6]。

2.2 意志性との関係

ここでさらに、動作主性の素性の1つである意志性との関係も考察しておく。その理由は、琉球語と同様に有形の主語標示に2形式（*ga* と *no*）を持つ現代熊本市方言において、主語標示の使い分けが意志性と関係するという先行研究があるためである（坂井 2013: 71）。結論から先に述べると、久高島方言の主語標示は意志性とも関係しない。以下の表5に、自動詞文の主語標示と意志性の関係をまとめる。

表5　久高島の自動詞文の主語標示と意志性の関係

【主語標示】	【意志性の有無】		合計数
	意志性有り（「1」）	意志性無し（「0」）	
	【該当例文数】		
=*ga*	4	9	13
=*nu*	2	17	19
ハダカ	0	2	2
合計数	6	28	34

バラつきは特に珍しくはない（少なくとも統計的に有意とされる5%のような小さい値ではない）ことが分かる。

6　通常、「分裂自動詞性」（split intransitivity）とは自動詞主語（S）の格標示が、他動詞主語（A）と同じ格標示（S_A）および他動詞目的語（P）と同じ格標示（S_P）に分裂することを指す（Velupillai 2012: 253–255）。また、現代熊本市方言のように、自動詞主語の格標示のみが2種類の形式に分裂する場合もある（坂井 2013: 71）。しかし、久高島方言を始め琉球諸方言の多くに見られる =*ga* と =*nu* の使い分けは自動詞主語のみならず他動詞主語においても（名詞類階層に従って）分裂するため（2.3参照）、「分裂自動詞性」という（他動詞主語の格標示の分裂を含意しない）名称で呼ぶことは適切ではない。

表5は、前節でも用いたデータ (1.2 のデータ①；具体的な例文は付録1) のうち、意志性の部分のみを取り出してまとめたものである (ただし、意志性の判定が難しい2例 (「笑う」と「泣く」) は除いている)。データ①の主語を名詞類階層に応じて分類すると、呼称詞[7]1例、人間名詞 (非呼称詞) 11例、動物名詞7例、無生物名詞15例となる。現代熊本市方言ではこれらの名詞類のときに意志性に基づく分裂自動詞性が見られ、意志性が高いときには *ga* を、意志性が低いときには *no* を取る (坂井 2013: 71)。そこで、久高島方言でもこれらの名詞類に付く主語標識と意志性とに関係があるかどうかを調べるため、フィッシャーの正確確率検定を行った。その結果、$p=0.344$ であり、統計的に有意な偏りは見られなかった。従って、久高島方言では、意志性に限定した場合においても主語標示に特別な偏りは見られない。この点は、現代熊本市方言 (坂井 2013: 71) とも大きく異なる。

2.3 名詞類階層との関係

久高島方言の主語を標示する *=ga*、*=nu*、ハダカの使い分けは、名詞類階層から一部説明可能である[8]。*=ga* とハダカは、あらゆる代名詞・名詞に後続するが、*=nu* は人称代名詞・指示代名詞・呼称詞には後続しない。

---

[7] 呼称詞とは対象を呼びかけるときに使える名詞のことで、年上の親族名詞の大部分 (*anmaa*「母さん」) や人名 (*jutakaa*「豊」) などを指す。

[8] 本稿の名詞類階層とは、通言語的に 'a hierarchy of what might be called "inherent lexical content" of noun phrase' (Silverstein 1976: 113)、「名詞句階層」(角田 2009: 41)、「有生性階層」animacy hierarchy (Corbett 2000: 90、Croft 2003 [1990]: 130、among others) と呼ばれるものにおおむね対応する。ただし、琉球語で見られる格標識や複数標識の使い分けは名詞句全体ではなく、標識の直前の形態素によって決まるため (例えば、奄美大島湯湾方言の主格の *nu*、名詞修飾の標識、複数標識の使い分けがそれに該当する。例えば、湯湾方言では人を指す指示代名詞 *ari*「あの人」に付く複数標識は *-taa* だが、指示詞と普通名詞からなる *an cʲju*「あの人」という名詞句には、定性は同じであるにも拘わらず、*-taa* は付くことができず、*=nkja* という別の複数標識のみが付く。*=nkja* は普通名詞に後続する複数標識である；Niinaga 2014: 227)、「名詞句階層」という用語は誤解を招く。同様に、これらの使い分けは狭義の「有生性」によってのみ決まるわけではないため、本稿では、名詞句の主要部を埋める代名詞と名詞を同じ「名詞類」と呼ぶことにし、名詞類 (の下位区分) に応じた階層を「名詞類階層」と呼ぶことにする。

表6　久高島方言の主語標示と名詞類階層の対応（まとめ）

【主語標示】	【名詞類階層】				
	人称代名詞	指示代名詞	呼称詞	人間	それ以外
=ga	←――――――――――――――――――――――→				
=nu				←――――――→	
ハダカ	←――――――――――――――――――――――→				

上記の主語標示の使い分けは自然談話のデータをもとにしている（1.2のデータ③を参照）。内容の詳細を以下の表7に示す。

表7　久高島方言の主語標示と名詞類階層の対応（詳細）

【主語標示】	【名詞類階層】					合計数
	人称代名詞	指示代名詞	呼称詞	人間	それ以外	
=ga	13	4	11	10	10	48
=nu	0	0	0	8	13	21
ハダカ	26	3	5	27	30	91
合計数	39	7	16	45	53	160

表7より、人称代名詞・指示代名詞・呼称詞に =nu が後続していないことが分かる[9]。なお、=nu の使用例は、1例が他動詞文（*nihon=nu gun=nu kikandjuu idiin=tji adu=jaa*「日本の軍が機関銃を入れるつもりでしょう」）であり、それ以外の20例はすべて自動詞文である。

9　UM氏（データ①と②の話者）を対象に作例調査で連体節の主語標示を調べたところ（翻訳を依頼した例文は「［名詞類］が書いたのはこれか？」または「［名詞類］が居る／生えているのはここだよ」）、ほぼすべての名詞類（1人称代名詞、2人称代名詞、指示代名詞、呼称詞、人間名詞、無生物名詞）において第1回答は =ga であり、動物名詞のみ =nu だった。しかし、第2回答では2人称代名詞、指示代名詞、人間名詞、無生物名詞に =nu が付くことを許容した。この第2回答の場合、主語が2人称代名詞、指示代名詞のときに =nu を付けられるとした判断が、本節で用いた自然談話のデータ③（US氏）とは異なる。従って、UM氏は自然談話でも2人称代名詞、指示詞の主語に =nu を使用するのかどうか（ただし、第1回答を考慮するとこの可能性は低い）を調べる必要がある。さらに、US氏は自然談話（表7）で =nu を付けなかった人称代名詞、指示代名詞、呼称詞に、作例調査では =nu を付けることを許容するのかどうかも調査する必要がある。

さて、=nu が名詞類階層の一方に偏ることを除けば、=ga、=nu、ハダカの使用は自由（ランダム）なのだろうか。結論を先に述べると、そうではない。これらの使用には、情報構造（題述と主題）が強く関わる。以下の 3 節で題述との関わりを、続く 4 節で主題との関わりを考察する。

3.　題述標示（=du、=(n)ga、ハダカ）

本稿では、「主題」（topic または theme）は旧情報（談話に既にある情報、または話者が聞き手の注目を期待しない情報）、「題述」（comment または rheme）は新情報（談話に新しく導入する情報、または話者が聞き手に注目させたい情報）を表すものとする。久高島方言の =ja は主題を、=du は題述を表す。なお、対比（contrast）はこれらとは独立した変数であり（cf. Vallduví and Vilkuna 1998）、主題とも題述とも共起し得る。久高島方言では、対比主題（contrastive topic）には =ja を、対比題述（contrastive comment）には =du を用いる。つまり、対比の有無に拘わらず、=ja は主題を、=du は題述を表す。従って、久高島方言には「対比」のみを表す標識は存在しない。

久高島方言の題述標示専用の形式は =du である。しかし、主語標示に用いられる =(n)ga も題述と大きく関わる。また、ハダカも題述と関わる（説明の便宜上、ハダカと題述の関わりは 4 節の最後に論じる）。

久高島方言の題述を考察するにあたって、以下の 4 つの変数に注目した（調査の概要は 1.2 のデータ②を参照）。

(3) 　題述構文を調査する際に用いた 4 つの変数
 a. 題述タイプ（対比題述、WH 題述、WH 応答題述）
 b. 題述ドメイン（主語、目的語、動詞、文全体）
 c. 文タイプ（平叙文、疑問文、命令文）
 d. 自他（自動詞、他動詞）

今回の調査では、題述タイプは「対比題述」、「WH 題述」、「WH 応答題述」の 3 つに分けることにした（cf. 下地 2015b: 396–397；下地の用語の「焦点」

を本稿では「題述」に代えている)。これらを簡単に説明する。対比題述とは、話者が対比する対象 (B) を強く意識しながら文中に題述 (A) を置く場合を指す (すなわち、「B ではなく A」と述べた際の「A」の部分)。WH 題述とは、聞き手に質問する際に疑問詞で表現した箇所にかかる題述を指す (例えば、「何が見えるの?」の「何」の部分)。最後に、WH 応答題述とは、聞き手の疑問詞疑問文 (WH 題述のかかった文) に応える際に、話者が (聞かれた疑問詞に答えるものとして) 答える部分に当たる題述を指す (例えば、「何が見えるの?」と聞かれて「山が見えるよ」と答えた際の「山」の部分)。

上記の 4 種類の変数と主語・目的語の標示の関係をまとめると以下の表 8 になる (例文は稿末の付録 2 を参照)。標識の選択に関与しない変数は「n/r (< not related)」と記載した。主語と目的語に =(n)ga も =du も付かない場合 (=ja、ハダカ、主語の脱落、目的語の脱落のいずれか) は「-」と記載した (表は主語・目的語に付く標識を主な基準として並べた)。

表 8　久高島方言の主語・目的語標示と題述標示の対応

題述ドメイン	題述タイプ	文タイプ	自他	主語に付く標識	目的語に付く標識
主語	対比	非命令文	n/r	=nga=du	-
主語	WH 応答	n/r	n/r	=nga=du	-
文全体	WH 応答	n/r	自動詞	=nga=du	-
文全体	WH 応答	n/r	他動詞	=ga	=du
目的語	対比	非命令文	n/r	-	=du
目的語	WH 応答	n/r	n/r	-	=du
主語	対比	命令文	n/r	=ga	-
主語	WH	n/r	n/r	=ga	-
文全体	WH	n/r	n/r	=ga	-
目的語	対比	命令文	n/r	-	-
目的語	WH	n/r	n/r	-	-
動詞	n/r	n/r	n/r	-	-

上記の表から（少なくとも）以下の4つのことが言える。

(4) 表8のデータから言えること
    a. 題述ドメインが主語または文全体の場合、主語には =*nga*=*du* または =*ga* が付き、題述ドメインが目的語または動詞の場合、主語には =*nga* も =*du* も付かない[10]。
    b. 題述タイプが対比題述の場合、非命令文（つまり、平叙文と疑問文）には =*du* が付くが、命令文には =*du* が付かない[11]。
    c. 主語または目的語に =*du* が付くのは、題述ドメインがそれ自身のときか、文全体のときのみである。
    d. 主語または目的語に =*du* が付くのは、題述タイプが対比題述か、WH応答題述のときのみである。WH題述のときには =*du* は現れない[12]。

今回のデータの主語は、疑問詞疑問文 (*nuu*「何」、*tʰaa*「誰」) を除き、すべて普通人間名詞の *junagu*「女」である。2.3で示した通り、普通人間名詞は主語標識の =*nu* を取ることも可能であるが、(4a) で述べたように主語または文全体が題述ドメインの場合は =*nu* ではなく、=(*n*)*ga* を取る。

最後に今回の調査結果について1点だけ注意点を述べる。本節のデータ（データ②・付録2）と2.1のデータ（データ①・付録1）とのあいだには齟齬がある。具体的には、題述タイプが「WH応答題述」、題述ドメインが「文全体」、文タイプが「平叙文」、自他が「自動詞」の場合に、齟齬が生じる。本節のデータでは、この条件の場合に主語には =*nga*=*du* が付くのに対して、

---

10 主語の標示を見た場合、題述ドメインが主語のときと文全体のときにほとんど違いはない。但し、WH応答の他動詞文に限っては、題述ドメインが主語のときは =*nga*=*du* を取ったが（付録2・通し番号24）、文全体のときは =*ga* を取った（付録2・通し番号27）。

11 表8は主語と目的語の標識にのみ注目しているが、動詞に付く標識に注目した場合も同じことが言える。題述タイプが対比題述の場合、非命令文だと動詞に =*du* が付くが、命令文だと動詞に =*du* が付かない。詳細は稿末の付録2の通し番号1〜14（対比題述の例文）を参照。

12 主語と目的語だけではなく、WH題述のときは文中のいかなる場所にも =*du* は現れない。

2.1のデータでは（普通人間名詞である）主語には =ga または =nu が付く（どちらも同じ話者 UM 氏で、話者の第1回答の結果を示している）。従って現時点では、上記の条件における主語には =nga=du、=ga、=nu のいずれも使用できると判断し、=nga は主語標識 =ga の異形態とみなす。しかし本来は、それぞれの例文において第2回答として別の標示が使用可能かどうか調べる必要があり、今後の課題である[13]。また、UM 氏の自然談話のデータから、上記の条件において好まれる主語標識がいずれであるかも調べる必要がある。

4. 主題標示（=ja、ハダカ）

久高島方言の主題・対比主題（cf. Lambrecht 1994: 291–295）は =ja によって表される。その根拠は3つある。1つ目は、=ja が自然談話において対比主題を表すために用いられていることが挙げられる。以下に自然談話（1.2 のデータ③）からのデータを示す。

(5)　自然談話の =ja の例

　　a.　主語かつ対比主題

　　　　ittaa ozii=ja　　*tʰjandjuu+itji, ...　tʰjendji+udjii=ja*
　　　　お前　おじさん＝は　30+1　　　　　　センジ＋おじさん＝は

　　　　tʰjandjuu+doku.
　　　　30+6

　　　　「お前のおじさんは31（歳）、... センジおじさんは36（歳）。」

　　b.　目的語かつ対比主題

　　　　inoo,　inoo　tjakutu,　djendjen　wattaa　imi=ja
　　　　イノー　イノー　と言ったから　全然　　私たち　意味＝は

---

[13] ちなみに、本節の調査（1.2 のデータ②）において、話者が「WH 応答題述」を「対比題述」として回答した可能性は無い。該当例文は（*nuu=ga nuu=tja=ga*?「何がどうしたの？」と聞かれた上で）*pʰama=kai wakadan junagu=nga=du gutadu.*「浜に知らない女がいたんだよ。」と答えている。対比題述は、既にある候補から1つを選び出して残りを除外するものであるが、（質問者が何も前提情報を知らないという）この文脈では、*wakadan junagu*「知らない女」は既出候補となり得ない。従って、この回答は対比題述ではない。

t^{h}udadan=baadu.

取れない=よ

「『イノー、イノー』と(高知県の方言で)言ったから、全然私たち意味は取れないよ。」

　2つ目の根拠は、日本語標準語の「は」を訳す際に久高島方言で =ja を用いることである[14]。

　3つ目の根拠は、自然談話のデータ (1.2 のデータ③) を見ると、連体節では =ja がほとんど現れないことが挙げられる。以下の表9は自然談話における名詞類、節タイプごとの主題標識 (=ja) の出現数をまとめたものである。

表9　久高島方言の主題標識 (=ja)、名詞類、節タイプの関係

		1・2人称代名詞	指示詞(人)	呼称詞	人間	それ以外	合計数
主節・副詞節	=ja	34	3	16	17	44	114
連体節	=ja	0	0	0	1	0	1
	合計数	34	3	16	18	44	115

主節と副詞節では合わせて114例の =ja が現れたが、連体節で =ja が現れたのはわずか1例のみであった[15]。日本語標準語において主題を表す「は」は連体節には現れないことが知られている(久野 1973: 229、寺村 1991: 48–51)。主題が従属節に現れない理由として、寺村 (1991: 48) は以下のよう

14　付録2の調査例文のうち、元々の日本語標準語文に「は」があったのは、通し番号2、3、5、7、8、10、11、13、14、19、20、22の例文。そのうち「は」を =ja に置き換えたのは2、3、5、7、8、11、22。それ以外は、ハダカか (10 と 19)、主語を脱落させて翻訳した (13、14、20)。

15　その1例を以下に示す。[文脈：話者と友人が町で二人組に遭遇した。二人組の一人が短刀を持っているのに気付いた友人は急いで走って逃げ、それを追いかけた話者に向かって言った言葉を思い出している。] jaa, tjujaa tantoo muttjut^{h}aa mijantai=ja=tji abitan=baaru「お前、一人は短刀持っているのを見てなかったのかと怒鳴った」。tjui「一人」と =ja は融合して tjujaa になる。この場合の =ja は、(二人組のうちの一人に注目した) 対比主題を表している。

に述べている。

　一般に、従属節のなかの名詞句は、対比の意味で以外では、「ハ」をとることができないといわれる。これは、「ハ」は文、あるいはもっと大きな単位体である文章、ないし談話全体の主題を掲げるものであるから、文のなかに包み込まれている従属節のなかの名詞句は、その節の主題としては、取り立てることはできないというわけで、当然である。

先の久高島方言の =ja も連体節にはほとんど現れず、唯一現れた例（注15を参照）は対比主題と解釈できる。以上3点より、久高島方言の =ja は主題または対比主題を表すと言える。

連体節の主語に用いられないという点で注目すべき現象がもう1つある。それは、（主語の）ハダカである。先ほどと同じ自然談話のデータ（1.2のデータ③）の =ga、=nu、ハダカの出現環境を以下の表10にまとめる。

表10　久高島方言の主語標示、名詞類、節タイプの関係

		1・2人称代名詞	指示詞（人）	呼称詞	人間	それ以外	合計数
主節・副詞節	=ga	8	3	10	8	9	38
	=nu	0	0	0	8	12	20
	ハダカ	26	3	5	27	23	84
連体節	=ga	5	1	1	2	1	10
	=nu	0	0	0	0	1	1
	ハダカ	0	0	0	0	7	7
	合計数	39	7	16	45	53	160

主節・副詞節では、前節する名詞類の種類に拘わらず、ハダカは現れる。一方、連体節では、人間を表す名詞類にハダカが付かない。このことから、主題や副詞節に現れている（主語の）ハダカは、先ほどの =ja と同様に主題を表していると言える。ただし、人間以外を表す名詞には、連体節においてもハダカが付いている。以下にその例を示す。

第 4 章　沖縄県久高島方言の文法関係と情報構造の関係 | 119

(6)　自然談話の連体節中に現れた主語のハダカ

1. *juu　akin,　jaa,　juu　akin　neema=nu　djikanoo*
    夜　　明ける、やぁ、夜　　明ける　あいだ＝の　　時間は

2. *atʰji　tʰattjun　tukuma　adanii=ja=ci*
    足　　立っている　ところ　　じゃない＝か＝と

3. *kubi　sacjun .. tukuma　madi=ja*
    首　　浸かる　　　ところ　　まで＝は

4. *miri　tikaatuunu　atu=nu　anbaaru.*
    水　　使われている　跡＝が　　あるのだ

5. *wata　ittjuuthi*
    綿　　入っているの（を探して）

6. *pʰazimjaa,　anu　denki,　denki　kwaaranai　tjuunu　tukuma*
    始めは、　　あの　電気、　電気　　煌煌と　　　している　ところ

　まず、これらの例は連体節に現れているということから、主題を表してはいない（また、文脈から判断して対比主題も表していない）。従って、これらのハダカは題述を表している。(6) の例は主語がすべて無生物名詞であることに加え、1 は「夜（が）明ける」という慣用表現、2 と 3 は「足（が）立つ」、「首（が）浸かる」という身体部位を用いた複合述語の例である。一方、4、5、6 は動詞がすべて進行を表すアスペクト接辞（-*tuu*/-*tjuu*）を持つ。今後は、これらの特徴が、連体節の主語にハダカが付くことの十分条件であるのか、必要条件であるのかを調べる必要がある。

　最後に、目的語が主題を表し、さらにハダカが使用されている自然談話（1.2 のデータ③）の例を以下に示す（当該例についてはデータの全体に渡る分析を行っていないため、実例を 1 例のみ挙げる）。この文では、目的語は文頭に（主語よりも前に）来ている。

(7) 自然談話に現れた目的語のハダカ
  ［文脈：台車を話題に登場させたあとに以下の発言が続く。］
  udi, uidji, waa muttji ndjakutu=jo.
  それ　泳いで　私　　持って　行ったから=よ
  「それ（＝台車）、泳いで私（が）持って行ったからよ。」

5. まとめ

　本稿では、久高島方言の文法関係（主語と目的語）と情報構造（主題と題述）の標示について3種類の調査データ（1.2）を用いて考察した。考察の結果、久高島方言の主語標識は =ga と =nu の2種類、主題標識は =ja、題述標識は =du であると言える。主語標識の =ga と =nu、および、主語名詞にいかなる助詞も付かない「ハダカ」を考察した結果、これらの使い分けに動作主性や意志性は関与するとは言えないことが分かった（2.1 と 2.2）。従って、久高島方言には分裂自動詞性（split intransitivity）は観察されない。主語標識の =ga と =nu の使い分けに関しては、名詞類階層（名詞類階層下位にのみ =nu が使用可能である；2.3）と題述（題述ドメインが主語の場合に =nu が使用されずに =ga が使用される；3節）が大きく関与している。

　ハダカは主語、目的語、主題、題述を問わず使用される（3節と4節）。従って、ハダカに一貫した機能を求めることはできない。ただし、名詞類階層との関係を考慮すると、名詞類階層で人間を表す名詞にハダカが付く場合は主題を、それ以外のときは題述（または主題）を表していると言える（4節）。

　本稿にはまだ多くの課題が残されている（3節と4節の末尾にその一部を記した）。今後のさらなる研究が必要である。

付録1　表5の動作主性の計算に用いた自動詞文

自動詞	発話文	主語標示	意志性	有生性	活動性	被動性	安定性	合計値
歩く	*tju=ga actji ndjan*「人が歩いて行った」	ga	1	1	1	1	1	5
帰る	*wadabi-nsaa=ga jaa=tji heetan*「子供たちが家に帰った」	ga	1	1	1	1	1	5
逃げる	*nut^{h}uduu=nu p^{h}ingiti ndjan*「どろぼうが逃げて行った」	nu	1	1	1	1	1	5
隠れる	*wadabi=nu hakkitan*「子供が隠れた」	nu	1	1	1	1	1	5
しゃべる	*wakamun-taa=ga ama=nakai mun juduu=t^{h}aa*「若者たちがあそこでおしゃべりしてるね」	ga	1	1	0	1	1	4
動く	*ikimut^{h}i=nu uitjakki=t^{h}a*「動物が動いているよ」	nu	0	1	1	1	1	4
まわる（回転する）	*wdabi-nsaa=ga amatakki=t^{h}a*「子供たちが回っているよ。」	ga	1	1	1	0	1	4
まわる（周囲を）	*nma=ga amatakki=t^{h}a*「馬が回っているよ」	ga	1	1	1	1	1	4
曲がる	*kuduma=nu ama=tji magati ndjan*「車があそこへ曲がって行った」	nu	0	[1]	1	1	1	4
飛ぶ	*pootaa=nu t^{h}udi ndjan*「ハトが飛んで行った」	nu	0	1	1	1	1	4
沈む	*t^{h}jensuikan=nu t^{h}jizudi ndjan*「潜水艦が沈んで行った」	nu	0	[1]	1	1	1	4
鳴く	*ama=kai in-gwaa=ga natjun*「あそこで犬が鳴いている」	ga	0	1	0	1	1	3
笑う	*wadabi-nt^{h}aa=ga wadatuutan=doo=jaa*「子供たちが笑っていたよ」	ga	[0]	1	0	1	1	3
泣く	*ama=kai wadabi=nu natjuutan=doo=jaa*「あそこで子供が泣いていたよ」	nu	[0]	1	0	1	1	3

光る	hotadu=nu pictjatuutan=doo 「蛍が光っていたよ」	nu	0	1	0	1	1	3
ころがる	mai=nu ama=tji ndjan 「毬があっちへ行った」	nu	0	0	1	1	1	3
居る	nma=kai mjaa=nu gun=doo 「そこに猫が居るよ」	nu	0	1	0	1	1	3
溺れる	wadabi=nu nbukituutan 「子供が溺れていた」	nu	0	1	1	0	1	3
寝る	ama=kai wadabi=nu nintuun=doo 「あそこに子供が寝ているよ」	nu	0	1	0	1	0	2
光る	put^{h}ji=nu pikatuun 「星が光っている」	nu	0	0	0	1	1	2
動く	djii=nu uitjuun 「地面が動いている」	nu	0	0	1	0	1	2
ある	nma=kai hii=nu an=doo 「そこに木があるよ」	nu	0	0	0	1	1	2
落ちる	hii=da wadabi=nu uttan 「木から子供が落ちた」	nu	0	1	1	0	0	2
まわる	koma=ga maatuutan 「コマが回っていた」	ga	0	0	0	1	1	2
あがる	hadi=saama djoo=ga atjan 「風で窓が開いた」	ga	0	0	1	1	0	2
驚く	mma=kai uja=nu ududutja=t^{h}aa 「そこで親が驚いた」	nu	0	1	0	0	0	1
酔う	dut^{h}ji=nsaa=ga guituu=t^{h}a 「友達（数人）が酔っているよ」	ga	0	1	0	0	0	1
咲く	pana t^{h}atjuun=doo=jaa 「花が咲いているよ」	ハダカ	0	0	0	1	0	1
煮える	anmaa, ukeemee niitan=doo=jaa 「お母さん、おかゆ煮えたよ」	ハダカ	0	0	0	1	0	1
疲れる	tjaatjaa=ga gutandituun 「お父さんが疲れている」	ga	0	1	0	0	0	1
出る	miigwaa=ga ngiti t^{h}juu=t^{h}aa 「新芽が出て来るよ」	ga	0	0	0	1	0	1
死ぬ	ama=kai in-gwaa=ga hidjuun=doo=jaa 「あそこで犬が死んでいる」	ga	0	[1]	0	0	0	1

折れる	ama=kai hii=nu gudituun=doo=jaa 「木が折れているよ」	nu	0	0	0	0	0	0
落ちる	hii=da mii=ga uttan 「木から実が落ちた」	ga	0	0	0	0	0	0
曲がる	hii=nu magatan 「木が曲がった」	nu	0	0	0	0	0	0
割れる	tjawan=nu waditan 「茶碗が割れた」	nu	0	0	0	0	0	0

付録1に関する注

・動作主性の各下位素性の数字において角カッコで囲んだものは、その素性の有無の判定が難しいものを指す。

付録2　題述の調査例文（題述ドメインに下線を引く）

通し番号	例文	題述タイプ	自他	文タイプ	題述ドメイン
1	［翻訳原文：（海岸には男が居たのか？と聞かれて）男じゃなくて、女がいたよ。］ jukiga adanaa, junagu=nga=du gutan=doo. 「男じゃなくて、女がいたんだよ。」	対比	自	平叙	主語
2	［翻訳原文：（女が泣いていたのか？と聞かれて）女は泣いてはいなくて、笑っていたんだよ。］ junagoo natjaa gudana, wadati=du gutadu. 「女は泣いてはいなくて、笑っていたんだよ。」	対比	自	平叙	動詞
3	［翻訳原文：女は泣いていたんじゃなくて、笑っていたのか？］ junagoo natjaa gudanaa, wadati=du guta=ni? 「女は泣いていたんじゃなくて、笑っていたのか？」	対比	自	疑問	動詞
4	［翻訳原文：男じゃなくて、女が行け。］ jukiga adana, junagu=ga ikiba! 「男じゃなくて、女が行け！」	対比	自	命令	主語
5	［翻訳原文：女は泣くんじゃなくて、笑え！］ junagoo nakitʰaa adan. wadee=du tʰjudu. 「女は泣くもんじゃない。笑うんだ。」	対比	自	平叙	動詞

6	［翻訳原文：男じゃなくて、女がそれを割ったんだ。］ jukiga adana, junagu=nga=du watuun=doo=ja. 「男じゃなくて、女が（それを）割っているよ。」	対比	他	平叙	主語
7	［翻訳原文：あの女はあの甕じゃなくて、この甕を割ったんだ。］ anu junagoo an haamja adana un haami du watuun=doo. 「あの女はあの甕じゃなくて、この甕を割っているよ。」	対比	他	平叙	目的語
8	［翻訳原文：女はこの甕を割ったんじゃなくて、直したんだ。］ anu junagoo un haamjaa wattaa naana, nootji=du gudu. 「あの女はその甕は割ってなくて、直している。」	対比	他	平叙	動詞
9	［翻訳原文：男じゃなくて、女がそれを割ったのか？］ jukiga adana, junagu=nga=du wata=ni? 「男じゃなくて、女がそれを割ったのか？」	対比	他	疑問	主語
10	［翻訳原文：女はあの甕じゃなくて、この甕を割ったのか？］ anu junagu un haamja adana, udi=du wata=ni? 「あの女その甕じゃなくて、それを割ったのか？」	対比	他	疑問	目的語
11	［翻訳原文：女はこの甕を割ったんじゃなくて、直したのか？］ anu junagoo un haamja wattaa naana, nootji–du gu=ni? 「あの女はその甕は割ってなくて、直しているのか？」	対比	他	疑問	動詞
12	［翻訳原文：その甕は、男じゃなくて、女が割れ！］ unu haamja jukiga adana, junagu=ga wadiba! 「その甕は、男じゃなくて、女が割れ！」	対比	他	命令	主語
13	［翻訳原文：女はあの甕じゃなくて、この甕を割れ！］ anu haamja adana, un haami wadiba! 「あの甕じゃなくて、この甕を割れ！」	対比	他	命令	目的語
14	［翻訳原文：女はこの甕を直すんじゃなくて、割れ！］ anu haamja noot^{h}ju=t^{h}i adan. wadiba! 「あの甕は直すんじゃない。割れ！」	対比	他	命令	動詞
15	［翻訳原文：（海岸には）誰が居たの？］ anu kaigan naka t^{h}aa ga guta ga? 「あの海岸に誰が居た？」	WH	自	疑問	主語
16	［翻訳原文：女が何をしたの？］ un junagu=ga nuu tja=ga? 「その女がどうしたの？」	WH	他	疑問	動詞

17	[翻訳原文：どうしたの？] nuu=ga nuu tja=ga? 「どうしたの？」（直訳：「何が何したの？」）	WH	他	疑問	文全体
18	[翻訳原文：誰がその甕を割ったの？] tʰaa=ga un haamja wata=ga? 「誰がその甕は割ったの？」	WH	他	疑問	主語
19	[翻訳原文：女は何を割ったの？] anu junagu nuu wata=ga=ja? 「あの女、何を割った？」	WH	他	疑問	目的語
20	[翻訳原文：女はその甕をどうしたの？] un haamja nuu tja=ga? 「その甕はどうした？」	WH	他	疑問	動詞
21	[翻訳原文：（通し番号15の疑問文に答えて）知らない女が居たよ。] wakadan junagu=nga=du gutadu. 「知らない女が居たよ。」	WH応	自	平叙	主語
22	[翻訳原文：（通し番号16の疑問文に答えて）女は海に飛び込んだよ。] un junagoo umi=tji uttindjan=doo. 「その女は海に飛び込んだよ。」	WH応	自	平叙	動詞
23	[翻訳原文：（通し番号17の疑問文に答えて）浜に知らない女がいたんだよ。] pʰama=kai wakadan junagu=nga=du gutadu. 「浜に知らない女がいたんだよ。」	WH応	自	平叙	文全体
24	[翻訳原文：（通し番号18の疑問文に答えて）あの女が割ったんだよ。] anu junagu=nga=du watan=doo. 「あの女が割ったんだよ。」	WH応	他	平叙	主語
25	[翻訳原文：（通し番号19の疑問文に答えて）甕を割ったんだよ。] haami=du watuun=doo=jaa. 「甕を割ったんだよ。」	WH応	他	平叙	目的語
26	[翻訳原文：（通し番号20の疑問文に答えて）割ったんだよ。] watan=doo=jaa. 「割ったんだよ。」	WH応	他	平叙	動詞

| 27 | ［翻訳原文：（通し番号17の疑問文に答えて）あの女が甕を割ったんだよ。］
anu junagu=ga haami=du watuudu.
「あの女が甕を割ったんだよ。」 | WH応 | 他 | 平叙 | 文全体 |

付録2に関する注

1. 「例文」の「翻訳原文」とは話者に翻訳を依頼した日本語標準語の例文を指す。なお、本調査例文には対比題述、自動詞、疑問文で、題述ドメインが主語の例文が欠けている（話者が答えた例文が疑問文ではない可能性があったため、本稿から除外した）。

2. 通し番号5の文は元々は「命令文」を調べようとしたものだったが、話者から出た表現は「平叙文」であり、動詞を命令形にしたもので言えるかどうかを尋ねても、話者の口から出た表現は依然として平叙文の（かつ文中に題述標識がある場合に取り得る）動詞語形（語根 +-du）だった。

3. 通し番号16の翻訳原文が「女が何をしたの？」のように既に「女」を題述とする文であったため、久高島方言も（動詞だけでなく）主語の junagu 「女」を題述とする疑問文になっている。

4. 通し番号17の文の翻訳原文は「どうしたの？」であるが、話者の方言訳は nuu=ga nuu tja=ga? であり、直訳すれば「何が何したの？」である。筆者は念の為、改めて（主語を付けずに）「どうしたの？」の方言訳を尋ねたが、やはり答えは同じであった。従って、表中の上記方言訳の日本語標準語訳は「どうしたの？」にしてある。上記方言訳は、形式上は題述ドメインが2つ（主語と述語）に分かれる疑問文との区別がつかない。従って、「何がどうしたの？」（「何したの？」をより自然な標準語の表現である「どうしたの？」に変更したもの）の方言訳と、その応答の例文も調査し、比較する必要がある。

謝辞

本稿の研究において、筆者に久高島方言を教えてくださった内間新三氏、糸数初枝氏、内間美代氏、西銘泰久氏、内間豊氏に心から感謝申し上げる。また、本稿の研究のデータについて、フィッシャーの正確確率検定（Fisher's exact probability test）

が有効であることを籠宮隆之氏に教えていただいた。中川奈津子氏には情報構造に関する考え方および文献を教えていただいた。下地理則氏には本稿の「ハダカ」が主題と題述の両方の機能を持つ可能性を指摘していただいた。さらに、竹内史郎氏と下地理則氏からは本稿の初稿に対して貴重な意見をいただいた。記して感謝申し上げる。本稿は、JSPS 科研費 12J09883（代表：新永悠人）、JSPS 科研費 24242014（代表：狩俣繁久）、JSPS 科研費 26370549（代表：竹内史郎）、人間文化研究機構国立国語研究所機関拠点型基幹研究プロジェクト「日本の消滅危機言語・方言の記録とドキュメンテーションの作成」（代表：木部暢子）、文化庁委託事業「平成 27 年度・28 年度　危機的な状況にある言語・方言のアーカイブ化を想定した実地調査研究」（代表：琉球大学）の助成を受けた研究成果の一部である。

参照文献

Corbett, Greville G.（2000）*Number*. Cambridge: Cambridge University Press.
Croft, William（2003［1990］）*Typology and universals*. Cambridge: Cambridge University Press.
久野暲（1973）『日本文法研究』東京：大修館書店.
Lambrecht, Knud（1994）*Information structure and sentence form*. Cambridge: Cambridge University Press.
中本正智（1985）「久高島方言の性格とその形成：音韻・形態・語彙から」法政大学沖縄文化研究所久高島調査委員会（編）『沖縄久高島調査報告書』173–191. 東京：法政大学沖縄文化研究所.
Niinaga, Yuto（2014）*A grammar of Yuwan, a northern Ryukyuan language*. Unpublished doctoral dissertation, the University of Tokyo.
新永悠人（2016）「久高島方言の簡易文法書」狩俣繁久（編）『琉球諸語　記述文法 II』86–104. 西原町：琉球諸語記述研究会.
Pellard, Thomas（2009）*Ōgami*. Unpublished doctoral dissertation, Centre de recherches linguistiques sur l'Asie orientale.
坂井美日（2013）「現代熊本市方言の主語表示」『阪大社会言語学研究ノート』11: 66–83.
下地理則（2015a）「琉球諸方言における有標主格と分裂自動詞性」『方言の研究』1: 103–131.
下地理則（2015b）「焦点化と格標示」日本言語学会第 151 回大会予稿集.
下地理則（2016）「南琉球与那国語の格配列について」田窪行則・ホイットマン ジョン・平子達也（編）『琉球諸語と古代日本語：日琉祖語の再建にむけて』173–207. 東京：くろしお出版.
Silverstein, Michael（1976）Hierarchy of features and ergativity. In: R. M. W. Dixon（ed.）

Grammatical categories in Australian languages, 112–171. Camberra: Australian Institute of Aboriginal Studies.

寺村秀夫 (1991)『日本語のシンタクスと意味 III』東京：くろしお出版.

角田太作 (2009)『世界の言語と日本語：言語類型論から見た日本語　改訂版』東京：くろしお出版. (初版は 1991 年)

Vallduví Enric, and Maria Vilkuna (1998) On rheme and contrast. In: Peter W. Culicover and Louise McNally (eds.) *The limits of syntax* (*Syntax and semantics* 29), 79–108. New York: Academic Press.

Velupillai, Viveka (2012) *An introduction to linguistic typology*. Amsterdam / Philadelphia: John Benjamins.

第5章

第1〜4章へのコメント

佐々木冠

1. はじめに

　主語と直接目的語の格配列には (1) に図示する 5 つの型がある。A、S、S_A、S_P、P は、それぞれ、他動詞主語、自動詞主語、動作主的な自動詞主語、対象的な自動詞主語、直接目的語を表すものとする。対格型と同様に A = S ≠ P の格配列の体系で P が形態的に無標で主格 (A = S) が形態的に有標の場合、有標主格型と呼ばれる (格配列の類型については Dixon 1994 および角田 2009 を参照されたい)。

(1)　　対格型：A = S ≠ P、能格型：A ≠ S = P、活格型：A = S_A ≠ S_P = P、
　　　　三立型：A ≠ S ≠ P、中立型：A = S = P

　格配列を左右する要素としては、名詞句が担う文法関係 (主語、目的語)、意味役割、名詞の内在的な意味などがあることが指摘されている。内在的な意味により名詞が (2) に示すような階層をなし、それが格配列を左右するという考えは、Silverstein(1976) の分裂能格性の分析で提案されたものであり、階層のあり方についてはさまざまなバージョンが提案されている。分裂能格

型の言語では能格型の格配列が (2) の階層の右側から分布し、対格型の格配列が左側から分布する。この階層はさまざまな名称で呼ばれるが、本稿では有生性階層と呼ぶことにする。

(2)　　有生性階層（簡略版）
　　　　2人称 > 1人称 > 3人称 > 親族 > 人 > 動物 > もの
　　　　対格型━━━━━━▶
　　　　　　　　　　　　　　　　◀━━━━━━能格型

　松本 (1982, 1990) により琉球語には活格型の格配列の方言があることが指摘されてきた。しかし、有生性階層上同じ位置づけの名詞句で自動詞の格標示が異なる例が示されていないことから、佐々木 (2006) は日本語の方言（琉球語の方言を含む）に活格型が存在することを否定し、用いられる形態素（格助詞など）には多様性があっても日本語諸方言には対格型の格配列しか存在しないと主張した。ここでいう対格型には有標主格型が含まれる。日本語の方言の多くは、対格型（あるいは対格型と中立型の混交）であるものの、佐々木の主張は過度の単純化であり、その後の研究（出畑 2007、坂井 2013、下地 2015）で有生性階層上同じ位置づけの自動詞主語に二つの格形式がある方言が報告されている。これらの方言の中には S_P と P が同形ではないものも含まれているが、S_A と S_P が有生性階層の一部で区別されており、分裂自動詞性 (split intransitivity) を呈している。こうした方言が報告されるようになった背景には、方言文法の体系的記述の進展がある。
　本書第 1 章から第 4 章はこうした研究動向を反映したものである。名詞句の格配列を考える際、これまでは文法関係、意味役割、有生性階層上の位置づけが考慮されてきた。本書第 1 章から第 4 章はこれらに加え情報構造（主題、焦点など）の格配列への影響が考察の対象となっている。以下、第 1 章から順に概説するとともに課題を指摘することにする。なお、各章の執筆者に言及する際には「著者」を用いる。

2. 下地論文

　本書第1章下地論文は共通語の口語における主語の格標示を分析した論文である。この論文では二つの新しい前提を導入した上で共通語口語の格標示に分裂自動詞性が見られることを明らかにしている。二つの新しい前提とは、主格助詞ガと主題助詞ハの位置づけに関するものと脱主題化仮説である。

　共通語の主語の形式には、ハダカの名詞句、主格助詞ガが名詞句に後接した構造、主題助詞ハが名詞句に後接した構造の三つがある。従来の研究では主格助詞ガが名詞句に後接した構造を基本と見なし、ハダカの名詞句はガの削除によって生じた構造、主題助詞ハが名詞句に後接した構造は「名詞句ガ＋ハ」からガが削除されて生じた構造と分析されてきた（柴谷1978: 203）。ガとハは、これまでの分析では、表層では実現しないもののシンタグマティックな関係にあるものと考えられてきたのである。これはガが格関係を表すものであるのに対して、ハが主題という情報構造上の単位を表すものであるためである。しかし、ガは焦点の機能を持つ要素でもあり、ハと同様情報構造上の特徴も担っている。こうしたことから、著者はガとハを同じレベルで対立する要素と捉え、二つの助詞がパラディグマティックな関係にあるものと見なす分析の提案をしている。したがってこの論文では、主題助詞ハが名詞句に後接した構造の背後にガの削除を想定しない。また、ハダカの構造を主語の基本的な形式とし、ガおよびハが主語に後接する構造は意味的な動機付けに支えられたものと見なしている。

　ガが主語名詞句に後接する構造の意味的な動機付けを説明するのが、脱主題化仮説である。ハダカ名詞句と有形格助詞が附属した名詞句の区別に関しては、ハダカを脱焦点化機能を有する形式とする分析（加藤1997）も存在するが、脱焦点化の操作が生じないことが期待される項焦点でハダカが許されることを説明できないという問題がある。項焦点のハダカの例については本書下地論文の例文 (14) を参照されたい。そこで著者が提案したのが、脱主題化仮説である。これは本書収録の他の論文を紹介する上でも重要な仮説なので以下に引用する。

(3)　脱主題化仮説（本書第 1 章の (16)）
　　　主格ガは、主語が主題であるというデフォルト予測からの逸脱を標示する標識である。

　主語が主題として解釈される可能性は内在的主題性によって規定される。内在的主題性は、有生性階層の有生の側、意味役割の階層の動作主を極とする側が主題として解釈されやすいという言語類型論でしばしば指摘される潜在的な主題性を指す。A と有生の S_A は、内在的主題性が高く、中立叙述（文焦点）の構造では、主題ではないことを示すためにガが用いられるというのが著者の分析である。これに対して、無生の S_P は内在的主題性が高くないため、主題ではない場合に特別な形式で標示される動機付けがないため、ハダカで現れる傾向があることが期待される。

　この予測は第 1 章の表 1 (p. 19) に示された中立叙述文の主語の形式に関するアンケート結果によって裏付けられる。表 1 によると、主語にガを後接する構造の容認度は、A（有生、動作主）、有生 S_A、有生 S_P、無生 S_A、無生 S_P の順で低下し、主語がハダカの構造の容認度は同じ順序で上昇する（ただし、有生 S は動作主の場合と対象の場合でハダカ主語の許容度が同じである）。同様に焦点の領域に入っていても内在的主題性の高い主語ではガが用いられる傾向が強く、内在的主題性の低い主語ではハダカである傾向が強いことがわかる。

　S の中に文法的多様性がある場合、非対格仮説（Perlmutter 1978）による分析が提案されることがある。非対格仮説は S_A を A と同じグループに、S_P を P と同じグループに分類する考え方である。しかし、主語にガを後接する構造と主語がハダカの構造の容認度が動作主性だけでなく有生性に左右されること、そして、P と S_P で有形格標示とハダカの容認度が異なる点から、著者は共通語口語の主語の形式の分析において非対格仮説は有効ではないとする。また、A と S_A でガが用いられる傾向にあり S_P がハダカになる傾向があることの動機付けを非対格仮説では説明できないことも問題として指摘している。脱主題化仮説ではこの形式的な対称性の動機付けが説明可能である。

脱主題化仮説は、同じように主題ではない名詞句でも有形の要素で積極的に標示される場合とそうではない場合があるという考え方である。同じ要素が環境によって異なる扱いを受けることは言語学の他の分野でも見られることである。

　音韻論における阻害音と鳴音の有声性の非対称性を想起されたい。/b, d, g, z/ と /n, m, r/ は音声的にともに有声であるが、日本語の音韻論において前者はライマンの法則によって連濁を阻止する要素であるのに対して、後者は連濁を阻止しない（「青筋」/ao+suzi/ は後部要素に /z/ があるため、*[aozuzi]にならないが、「青空」/ao+sora/ は後部要素に /r/ があるにもかかわらず、[aozoɾa] になる）。音声的には有声である /r/ が /z/ と異なり連濁を阻止しないことは、1980 年代には鳴音における有声性の不完全指定により説明されていた（Ito and Mester 1986）。最適性理論以降、この現象は、阻害音であること（[–sonorant]）と有声性という有標な組み合わせの排除というかたちで説明されるようになった（Ito and Mester 2003）。

　脱主題化によるガの使用の背景にも、内在的主題性の高さと焦点（あるいは、中立叙述）という有標な組み合わせがあるものと考えられる。このように考えると脱主題化仮説は言語の一般的な性質を反映したものといえるだろう。

　内在的主題性を構成する一つの要素である有生性階層と主語の形式に関して、角田（2009: 53–55）は次のような関係を指摘している。すなわち、有生性階層の左端（人称代名詞）では主題を表すハが用いられるのが無標で、ガが用いられる場合は総記の解釈になる。一方、有生性階層の右端である無生物ではガが用いられるのが無標で中立叙述の解釈になり、ハが用いられる場合は対照の解釈になる。この観察は動作主性を考慮に入れていない点、そしてハダカの主語を考慮していない点で本書第 1 章よりも射程が狭いが、有生性階層の左端におけるガの使用に関しては脱主題化仮説で予測されることと同じことを述べている。ここで気になるのが角田（2009）が無標とした形式と本書第 1 章のハダカ主語の対応関係である。

　有生性階層の左端に関しては、角田（2009）が無標とした主題のハに共通

語口語のハダカが対応するが、有生性階層の右端に関しては、共通語口語のハダカは中立叙述のガに対応する。本書第 1 章では、「脱主題化仮説は、主語が主題になる場合に関して、主題性に応じて主題標識の取りやすさが変わることを予測する仮説ではない」としている。有生性階層上の位置づけの違いによって「名詞句＋ハ」が主題として解釈されやすいか対照（本書第 1 章では「対比」）として解釈されやすいかは、脱主題化仮説の射程の外にある事柄ではある。無生物対象主語が主題の場合、本書第 1 章の (33)（時計 {ハ／φ} 壊れちゃったよ）にあるようにハとハダカの両方が可能である。しかし、ハが付いた主語には対比の解釈が強いように思われる。無生物対象主語におけるハとハダカの解釈の違いについても何らかの説明が求められる。今後の研究の進展に期待したい。

3. 坂井論文

　本書第 2 章坂井論文は熊本市方言における世代間の格配列のヴァリエーションを分析した論文である。高齢層と若年層の対比がなされ、若年層で分裂自動詞性が見られることを示している。

　本書第 2 章によれば、熊本市方言の高齢層の主語と目的語の格形式には次のような特徴がある。共通語でハダカが普通の文脈でも名詞句に格助詞が附属する点と主格助詞としてガとノがあり対格助詞としてバまたはオがある点である。そして、格配列は有生性階層上の位置づけによって左右される。親族名詞と固有名詞は三立型になっており、A がガで、S がノまたはガでマークされ、P がバまたはオでマークされる。一方、それ以外の要素の場合、対格型になっており、A と S はともにノまたはガでマークされ、P がバまたはオでマークされる。

　若年層の格配列には A と B の 2 種類があるが、ともに部分的に分裂自動詞性を呈する。若年層 A はガしか使えない範囲が高齢層よりも広い。親族名詞・固有名詞、人間普通名詞、動物名詞で A と S_A がガでマークされ、S_P はノまたはガでマークされ、P はバまたはオでマークされる。無生物名詞は

高齢層の親族名詞・固有名詞と同様の三立型になっている。無生物以外の名詞で意味役割により自動詞の主語の格形式が異なっている点が重要である。著者はこの格配置を「九州分裂S型」と呼んでいる。これは、活格型と異なりS_PとPが同じ形式にはならない格配列である。この格配列の出現の要因として著者は、「ガ系の浸食／ノ系の衰退」を指摘する。

　若年層Bでは主語とPでハダカが許容される。他動詞文で世界知識から主語とPを同定できない場合は主語の方を有形標示する。その際、Aが人を指す場合はガ系だけが用いられ、動物名詞ではガ系とノ系の両方が用いられ、無生物名詞ではノ系が用いられる。Sは有生性階層上の位置づけにより、3種類の格配列が見られる。親族名詞と固有名詞では有形（ガまたはノ）とハダカがともに自然で、人間普通名詞と動物名詞では、S_Aは有形（ガまたはノ）とハダカがともに自然だが、S_Pはハダカの方が自然であり、無生物名詞ではハダカが自然である。人間普通名詞と動物名詞では、Pもハダカであるため、S_PとPの格形式が同じになり分裂自動詞型になっている。

　若年層Aにおける「ガ系の浸食」と若年層Bにおけるハダカの許容範囲の拡大は、共通語の影響である可能性がある。共通語の影響により若年層に分裂自動詞性が現れているとすれば、興味深い現象である。これまでの方言研究は伝統方言の記述に注力する傾向があったが、若年層の文法に着目することにより新しい知見が得られる可能性があることをこの論文は示している。

　本書第1章が主張するように共通語口語は部分的に分裂自動詞性を呈する。共通語と熊本市方言の間でどのような影響関係があるのか今後解明されることが期待される。

　若年層における熊本市方言の分裂自動詞性を記述する上で脱主題化仮説よりも動作主性の階層の方が簡潔であると著者は述べているが、ノの位置づけ次第では別な見方もあり得るかもしれない。著者自身若年層Aのノ系について「形式上は有形でありながら、機能的には無標である可能性」を示唆している。この状況は、連体修飾構造におけるノ挿入（no-insertion、Murasugi 1991）を想起させる。ノ挿入は、格を持たない名詞句を排除する制約である格フィルター（case filter、Chomsky 1981）により連体修飾名詞句に格形式を

与える操作である。また、複数の連体修飾格助詞がある方言でガやナが意味的に用法を規定できるのに対してノはそれが現れる位置が連体修飾構造であることを示す機能しか持たないとする分析も提案されている（佐々木 2004）。熊本市方言のガ系・ノ系ともに連体修飾格助詞を起源とする要素である。このことを考えるとノ系を無標の主語の格形式と位置づける可能性は追求に値すると思われる。また、そのようにすることによって脱主題化仮説の有効性を別な角度から検証することができるのではないだろうか。

　名詞句と文の構造的な並行性は、Chomsky (1970) が指摘するところである。連体修飾構造におけるノ系のあり方と文主語のノ系のあり方の対比もこの方言のガ系とノ系について理解を深める上で有益かもしれない。

4.　竹内・松丸論文

　本書第3章竹内・松丸論文は京都市方言の主語の形式とイントネーションに見られる分裂自動詞性を記述した論文である。京都市方言における分裂自動詞性は全ての文で見られるものではなく、特定の情報構造を持つ文で見られる現象であり、第1章で提案された脱主題化仮説による説明を試みている。

　京都市方言の対比焦点、WH応答焦点、文焦点、述語焦点の情報構造を持つ文のAとSの形式は本書第3章の図1および図2にまとめられている。各文のイントネーションをまとめたものが図3と図4である。

　本書第3章の図1と図2が示すところによると、主語の形式は次のようになっている。対比焦点ではAとSはもっぱらガでマークされる。WH応答焦点の場合、AとS_Aはガでマークされるが、S_Pはガでマークされる場合とハダカの場合がある。文焦点の文と述語焦点の文はAとSが形式上区別されない点で対比焦点の文と同じだが、形式は次のようなかたちで異なっている。文焦点では主語はガでマークされるかハダカである。一方、述語焦点の場合、主語はもっぱらハダカである。WH応答焦点では、S_Pが他の主語と形式が異なる場合があるため、分裂自動詞性があると分析している。

　図3と図4では述語が音調句を担っているかどうかによって、次のよう

なグルーピングが行われている。対比焦点は他動詞文でも自動詞文でも述語が音調句を担わない。WH応答焦点の場合、他動詞文とS_A自動詞文では述語が音調句を担わないが、S_P自動詞文では述語が音調を担う。述語焦点と文焦点の場合、他動性に関わりなく述語が音調句を担う。イントネーションにおいてもWH応答焦点の文で、S_P自動詞文が、他の文と対立しているため、分裂自動詞性があると分析している。

　本書第3章の図1から図4は主語の形式とイントネーションの両方でWH応答焦点文で分裂自動詞性が現れることを示している。しかし、主語の形式とイントネーションの並行性は完全ではない。主語の形式に関しては、対比焦点でも分裂自動性が認められる場合がある。第3章の(23)には対象無生Sが対比焦点でハダカになっている例が挙げられている（裏ノ木チャウ　庭ノ木　倒レテンなど）。一方、AとS_Aが対比焦点の場合はハダカになっている例が見られない。著者たちは対比焦点においてもこのような構造が認められる理由について「対比焦点の環境でもWH応答焦点における文形態が通用しているから」としている。しかし、そもそも何故に対比焦点でWH応答焦点の文形態が通用するのか明らかにする必要があるのではないだろうか。両者に共通するのは、項が焦点になることであるが、それだけが理由なのか、今後の研究で明らかにされることを期待する。

　WH応答焦点に現れる分裂自動詞性について、著者たちは脱主題化仮説に基づく説明を行っている。ガに関しては、AおよびS_Aという内在的主題性の高い要素が主題であるという特徴付けをキャンセルする標識として機能していると分析する。また、他動詞文とS_A自動詞文で述語の音調句が抑制されることは、述語を脱焦点化することを通して主題性の高い項の脱主題化を達成したものと分析している。また、S_P自動詞文で述語の音調句が抑制されないのは、「主題―解説」構造を持ちにくいため脱主題化の動機付けがないためであるという。また、主語の形式とイントネーションに分裂自動詞性が現れるのが特定の情報構造の構文に限られることが脱主題化仮説では説明できても非対格仮説では説明できないことを指摘している。

　本書第3章は分裂自動詞性の説明に脱主題化仮説が有効であることを示し

た点と京都市方言が焦点を含む構造に関する通言語的な傾向から逸脱する点があることを指摘した点で理論的貢献の大きな論文と考えられるが、言語事実の提示をさらに求めたい点もある。この論文によれば、文焦点でAとPの双方がハダカになる構造では、AとPの相互識別が有生性効果と語順で果たされるという。有生性効果でAとPが識別される場合（第3章の (4) など）、語順の変化はイントネーションの変化や対比の解釈などの変化を引き起こさないだろうか。こうした問題は紙数の都合で論じられなかった可能性があるが、機会を改めて論じてもらいたい。

5. 新永論文

本書第4章新永論文は沖縄県久高島方言の主語の形式を記述した論文である。これまで紹介した論文が扱った言語体系とは異なり、この方言では分裂自動詞性が見られない。

この方言では、主語・目的語ともに主題の場合は前接語 =ja が附属した形式もしくはハダカで現れることになる。主語が題述の場合はハダカの他 =(n)ga=du、=ga、=nu が後接する形式を取り、目的語が題述の場合は =du が後接する形式かハダカの形式になる。

主語における =ga と =nu の使い分けは附属する名詞句の有生性階層上の位置づけによって左右され、動作主性および意志性は非関与的であるという。=nu は代名詞と呼称詞には後接しない。人間名詞は主語の標識として =nu を用いることも可能であるが、主語または文全体が題述の領域にあるときは =ga が用いられるという。著者は指摘していないが、この傾向は =ga が脱主題化の機能を持つことを示唆するものではないだろうか。

連体修飾節で人間名詞がハダカで現れないことから、著者は主節や副詞節に現れるハダカの主語について =ja が附属した形式と同様主題を表すものと分析する。この方言の連体修飾節の人間主語は =ga もしくは =nu でマークされる。なお、人間以外のものを指す名詞は連体修飾節でもハダカで現れる。主題が現れることができない環境で、有生性階層上の位置づけで主題性

の高い要素が有形の格標示を持ち、主題性の低い要素がハダカで現れる。この非対称性も脱主題化仮説を裏付けるもののように思われる。

6. まとめ

　格配列のあり方を説明する仮説として脱主題化仮説が提案されたことにより、共通語口語というもっとも日本語話者に身近な体系と京都市方言という歴史的中心で話されている体系に分裂自動詞性が見られることが明らかになった。脱主題化仮説の射程は第1章から第4章の著者たちが想定するよりも広い可能性がある。熊本市方言および久高島方言で脱主題化仮説の果たす役割について上の節で示唆した。東北地方の方言のように主格よりも対格が形態的に有標な方言で情報構造が格形式にどのような影響を与えているか分析する上でも本書第1章から第4章はヒントになる可能性がある。

　本書第3章では日本語の方言における情報構造の格配列への影響について言語類型論的観点から議論されている。情報構造が名詞句の格形式を左右する例は日本語以外の言語にも存在する。Maslova（2003）によれば、コリマ・ユカギール語では焦点を担うSとPが同じ格形式になる。このような言語と日本語方言の対照も興味深いテーマである。

参照文献

Chomsky, Noam（1970）Remarks on nominalization. In: Roderick Jacobs and Peter Rosenbaum（eds.）*Readings in English transformational grammar*, 184–221. Waltham, Mass.: Ginn and Company.

Chomsky, Noam（1981）*Lectures on government and binding*. Dordrecht: Foris.

Dixon, R. M. W.（1994）*Ergativity*. Cambridge: Cambridge University Press.

Ito, Junko and Armin Mester（1986）The phonology of voicing in Japanese: Theoretical consequences for morphological accessibility. *Linguistic Inquiry* 17: 49–73.

Ito, Junko and Armin Mester（2003）*Japanese morphophonemics: Markedness and word structure*. Cambridge, Mass.: MIT Press.

加藤重広（1997）「ゼロ助詞の談話機能と文法機能」『富山大学人文学部紀要』27: 19–82.

Maslova, Elena (2003) *A grammar of Kolyma Yukaghir.* Berlin: Mouton de Gruyter.
松本泰丈 (1982)「琉球方言の主格表現の問題点：岩倉市郎『喜界島方言集』の価値」『国文学解釈と鑑賞』47(8): 178–185.
松本泰丈 (1990)「「能格」現象と日本語：琉球方言のばあい」『国文学解釈と鑑賞』55(1): 30–46.
Murasugi, Keiko (1991) Noun phrases in Japanese and English: A study in syntax, learnability and acquisition. Ph. D. dissertation, University of Connecticut.
Perlmutter, David M. (1978) Impersonal passives and the unaccusative hypothesis. *Berkeley Linguistic Society* 4: 157–189.
坂井美日 (2013)「現代熊本市方言の主語標示」『阪大社会言語学研究ノート』11: 66–83.
佐々木冠 (2004)『水海道方言における格と文法関係』東京：くろしお出版.
佐々木冠 (2006)「格」小林隆 (編)『方言学2　方言の文法』1–46. 東京：岩波書店.
柴谷方良 (1978)『日本語の分析：生成文法の方法』東京：大修館書店.
下地理則 (2015)「琉球諸方言における有標主格と分裂自動詞性」『方言の研究』1: 103–130.
Silverstein, Michael (1976) Hierarchy of features and ergativity. In: R. M. W. Dixon (ed.) *Grammatical categories in Australian languages*, 112–171. Canberra: Australian Institute of Aboriginal Studies.
田畑千秋 (2007)「奄美のウタ言葉の中の主格用法としてのN φ形：『大島の歌集』より」『国文学解釈と鑑賞』72(1): 190–200.
角田太作 (2009)『世界の言語と日本語：言語類型論から見た日本語　改訂版』東京：くろしお出版.

第 6 章

語順と情報構造の類型論

風間伸次郎

1. はじめに

本稿の中心となる主張は、以下の 4 点である。

(1) a. SVO を基本語順とする言語（以下「SVO 型言語」とする）の S（つまり、主に文頭で動詞の前に位置する名詞）は、基本的に定の名詞でなければならず、さらに主題となる強い傾向がある。それゆえに文全体が新情報である文焦点の文では、動詞の前の位置を空所にしたり、仮主語にするなど、一定の統語的操作が必要となる。これに対し、SOV 型言語では文焦点の文において特に特別な統語的な操作を必要としない。つまり、基本語順と情報構造標示の間には密接な関係がある。
   b. SVO 型言語の S が主題兼主語でなければならないのには、必然的な理由／類型論的な内的関連性がある。その理由は共時的な観点からも説明が可能で、通時的な変遷の事実からも支持される。
   c. SVO 型言語の S には、「主題となり得る限り（／新情報でない限

り)、できるだけシルバースティーンの階層のより左側の語(主に人間名詞)を主題兼主語として選択せよ」という規則が働く。このため斜格主語構文を許さず、2項述語では他動詞が優勢となる傾向がある。

  d. SVO型言語は、「総称・恒常デフォルト標示型言語」、SOV型言語は「個体・現実デフォルト標示型言語」の特徴を示す。前者は個体化のマーカーを必要とし、後者は総称化のマーカーを必要とする傾向がある。

 このうち(1a)については、すでに先行研究である程度指摘されている。本稿では2節でこれを確認し、それを踏まえた上で、(1b–d)の主張を展開する。

 なお本稿では、VSO, VOS, OSV, OVS語順の言語、および自由語順の言語についてはほとんど取り扱うことができなかった。情報構造を扱うには、イントネーションやプロミネンスなどのプロソディックな特徴の記述と考察が不可欠であるが、この点に関する検討もできていない。これらの問題点については今後の課題としたい。

2. 基本語順と情報構造の関連性

2.1 先行研究

 基本語順と情報構造の関連性については、すでにいくつかの先行研究でこれを問題にしている。

 野田(2004: 194)では、「さまざまな言語の主題を対照するときに必要な理論的な視点」として、以下のような項目をあげている[1]。

 (2) a. 主題と語順の関係:それぞれの言語で、主題を表すのに語順はど

---

[1] 実際には3つの項目をあげているが、第3項目は本稿に直接関係がないので省略した。なお番号は本稿のものに改めた。

のように利用されているか？
b. 主題と主語の関係：それぞれの言語で、主題と主語がどれくらい分離し、どれくらい融合しているか？

「は」を使う日本語などを「形態的手段で主題を示す言語」、英語などを「音声的手段で主題を示す言語」とした上で、野田（2004: 204）は次のように分析している。

> 中国語、スペイン語、ロシア語、マテンゴ語などは、述語が文の前のほうにくる言語である。述語が文の前のほうにくる言語のなかで、語順がかなり自由にかえられる言語では、主題を動詞の前におくことによって、それが文の主題だということをはっきり示すことができる。そのため、主題を表す形態的手段が発達しにくいのだと考えられる。
> 　主題を主に音声的手段で表す言語、つまり、英語などは、述語が文の前のほうにくる言語であるが、語順がほぼ固定されている。基本的に主語が動詞の前に固定されている言語では、主題を動詞の前におくという文法的手段が使えない。そのため、主題を表すのに、音声的手段を使うしかないのだと考えられる。

動詞の前の位置の重要性を指摘している点で重要だが、各言語の基本語順の把握の仕方が一般的なものと異なっており[2]、情報構造に関しても主題標示のみをもっぱらその対象としているために、情報構造における言語間の相違点が十分に明確になっていない。

　次に主題と主語の関係については、諸言語を大きく次の3つに分類してい

---

[2] 基本語順という観点から見れば、ロシア語のみ自由語順の言語、英語を含む他の言語はどれも SVO 型言語と見るべきである（ただし頻度の点から、ロシア語も SVO 語順の言語とする説もある）。スペイン語では VSO, VOS, OVS の語順も可能だが、SOV, OSV は不可で、典型的な SVO 型と見るべき言語である（寺崎 1998: 116）。英語だけが完全に語順の固定した言語であるとする見方にも問題があると考える。以下に見るように、英語でも特に場所に関しては動詞直前位置を占め、文焦点の場合などに語順の「倒置」が起こる。たしかに英語とスペイン語の間では語順の固定度に違いがあるが、存在をはじめとする文焦点で有標の構文を取る点から、大きくは SVO 型に分類されると見てよいと考える。

る。

(3) a. 主題と主語が分離している言語（日本語、カチン語（チベット・ビルマ語族）、ビルマ語など）
    b. 主題と主語が比較的分離している言語（中国語、スペイン語、ロシア語、マテンゴ語など）
    c. 主題と主語がかなり融合している言語[3]（英語など）

他方、特に上記のように分類される言語のメンバーに関して、次のように野田（2004）とは若干異なった分類（と説明）も行われている。柴谷（1990: 121）は、主題と主語の融合／一体化について次のように述べる。

> 一般的に、主題と主語が一体化している言語では、主語を主題的なものに限ろうとする傾向が見られる。つまり、主題となり得ない非指示的名詞句を主語の位置におくことを避けたり、日本語や朝鮮語では主題文で表されない、事象の発見や目撃などは、普通の主語構文の形式で表さない傾向が観察される。日本語や朝鮮語では、「子供が部屋にいる」や「子供が歩いている」などの非指示的主語にたいする圧力など全く無く、自由に起こるのに対して、英語や中国語では非指示的な名詞句を主語の位置から追放しようとする傾向が観察される。これらの言語では、例えば（23a）（24a）を避け、それぞれの存在表現（b）を選ぶ傾向が強い。

---

[3] 英語における主題と主語の合一を主張するには、まず少なくとも文頭・動詞直前位置の名詞が定であることが前提となる。Lambrecht（1994: 167–169）はこの点に関して、次のように述べている。まず静的述語では（英語で）不定冠詞名詞句主語は不可であるという（*A boy is tall. ただし総称の一般論として解釈できるなら許容される：A boy is a boy. / A boy wants to be tall.）。他方、動的述語であれば、事象報告のタイプの文（つまり文焦点）として解釈できる場合に不定冠詞名詞句主語が可能になる（A boy was run over by a car!）。「他動詞文はどの言語でも主題を持たない文の述語になりにくい」という（野田 2004: 200、Lambrecht 2000 も同様の趣旨を述べている）。したがって英語で動作主が動詞の前に現れないのは、主に非能格の動的1項動詞が文焦点で主に不定の主体を取る場合のみであり、大部分の場合、動詞の前の位置は基本的に定の主題兼主語ということになる。このことはSVO 型言語一般に当てはまる傾向であると考える。なお、総称の一般論なら不定名詞句も主語になることに関しては、5節でさらにこれを問題にする。

柴谷（1990）に（23ab）（24ab）として挙がっている例は次のものである。

(4) a. A boy is in the room.
　　b. There is a boy in the room.
(5) a. *一个孩子在哪里走着「一人の子供が歩いている」
　　　（cf. 张三在哪里走着「張三が歩いている」）
　　b. 有一个孩子在哪里走着「一人の子供が歩いている」

これに続いて柴谷（1990: 122–123）は（6）（7）に示す例をあげつつ次のように述べている。

(6) a. Here comes John.「（そら、）ジョンがやってくる」
　　b. There goes John.「（そら、）ジョンが行く」
　　c. In came John.「ジョンが飛び込んできた」
(7) a. 下雨了「雨が降ってきた」
　　b. 来了一个客人「一人のお客さんがやってきた」

　また、人や物についてでなく、事象の生起の目撃を言い表したり、事象の眼前描写を表す典型的な無題文（中国語で現象文と呼ばれるもの）においても、これらの言語では主語を通常の主語の位置におかずに、つまり無題文として表現する。（中略）
　また、スペイン語などのロマンス語においても、同様の状況が見られ、文頭の主語は主題的なものが多く、逆に事象の生起を述べる文では、主語を文頭から外す傾向があるようである。
（中略）このように、主題と主語が統語的に合体している言語では、不定主語や、事象の生起を述べる文の主語を通常の主語の位置から外そうとする傾向が見られる。主語に対するこのような圧力が、主題と主語の範疇が明確に分離している日本語や朝鮮語に見られないということは、これらは主題と主語が合体している言語の一特徴とみなすことができる。

つまり柴谷(1990)は、文焦点の文[4]で通常の位置から主語を外すことは、ある種の言語群の類型的特徴と見ていることがわかる。柴谷(1990)は野田(2004)と違い、中国語やスペイン語も主題と主語が合体している言語と見ていることがわかる。ただ野田(2004)とは異なり、「主題と主語が合体している言語」とその言語の基本語順との関連については何も述べていない。しかしこれらの言語（英語、中国語、スペイン語、さらに野田(2004)のあげたマテンゴ語）はSVOを基本語順とし、なおかつ格変化を持たないので、SとOの統語的役割は主に動詞の前後の位置によって規定される[5]タイプの言語でもある。したがって、これらの言語の動詞直前位置は基本的にSであり、なおかつ主題の位置である、ということになる。したがって野田(2004: 194)のいう(2a)と(2b)は連動しているものと考えられる。つまりSVO型言語では主題と主語が一体化し、主題兼主語がもっぱら動詞直前位置となるが、これに対しSOV型言語では主題と主語は一体化していない上、それらの位置もより自由であると考えられる。

Lambrecht(2000: 626)[6]も柴谷(1990)と同様の仮説を提案している。これはLambrecht(2000)が「主語・目的語中和の原則(PSON: The Principle of

---

4 柴谷(1990)は「人や物についてでなく、事象の生起の目撃を言い表したり、事象の眼前描写を表す典型的な無題文（中国語で現象文と呼ばれるもの）」としているが、本稿ではこれを指して「文焦点の文」と呼ぶことにする。なお中国語で「存現文」と呼ばれる文は、一般に「存在・出現・消滅」を示す文とされ、自然現象の生起を観察する場合などにも多くあらわれる。ただし、この「存在・出現・消滅」の三者の間にも、文焦点の文の形成に関しての序列があるようだ。すなわち、野田(2004: 200)は「主題をもたない文の述語にもっともなりやすいのは、多くの言語で、存在を表す自動詞である。その次は出現や発生を表す自動詞であることが多い。他動詞はどの言語でも主題をもたない文の述語になりにくい」とし、片桐(2004: 99)は「現象の発生・出現の場合は、その消失の場合よりも無題文が起こりやすいことが指摘されている」としている。したがって有標な構造の文になりやすい順に、［存在＞出現＞消滅］の序列をなすということになる。

5 ただし中国語以外では、多少の差はあれ、述語動詞の方に主語の（人称）標示があることにも注意しておく必要があるだろう。

6 Lambrecht(2000)はいくつか独自の定義や制約を行っているので、その点は注意しておく必要があるだろう。例えば、「文焦点構造の重要な制約：主語項が語彙的に現れねばならない。したがってロシア語のDozhd' idet. は文焦点だが、英語のIt's RAINING. は文焦点ではない。」としている。また「「主語」は統語論的範疇よりむしろ意味論的範疇を示す」としている。

Subject-Object Neutralization)」と呼んでいるものだが、「文焦点構造では、主語が対応する述語焦点構造の中の焦点的対象と関係する韻律的およびまたは形態統語的特徴の一部または全てで文法的にコード化される傾向がある。」とするものである。その具体的な実現は、SV (O) 語順言語における文焦点構造での VS 語順や、処格倒置などの現象であり、さらにこれに伴う主語動詞間での一致の保留、（後置した主語の）非主格格標示などを例にあげている。Lambrecht (2000) はこの主語・目的語中和の原則を通言語的に適用される普遍的なものと見ているようだが、一方で次のようにも述べている（訳および下線は筆者による）。

> 主語・目的語中和の原則でなされた主張は強すぎるかもしれない。（中略）主語・目的語中和の原則で述べられた傾向を持たないと思われる言語の例は日本語である。（中略）だが PSON が当てはまる言語の数は、この原則（PSON）の仮説を支持するのに十分なほど多い。

つまり日本語には当てはまらないとしている。Lambrecht (2000) が例を示している言語は大部分がヨーロッパの印欧語で、他の語族の言語にはウラル語族のフィンランド語、バントゥ諸語のルワンダ語、エジプト・アラビア語[7]、アフロ・アジア語族クシ語派のボニ語の例が散見されるのみである。このうち SOV 語順を持つのはボニ語だけで、残りはもっぱら SVO 型言語である。SVO 語順以外の印欧語の例も VSO のウェールズ語、自由語順のロシア語、ラテン語、チェコ語の例のみである。しかも、最も重要な統語的倒置に関しては、「SV (O) 語順言語における動詞主語語順」(VS order in SV (O) languages) としているので、もっぱら SV (O) 語順の言語に適用されることを認めている。

---

7 一般にアラビア語は VSO 語順の言語として知られているが、エジプト・アラビア語（口語）の基本語順は SVO である。ドイツ語は主節は SVO だが従属節は SOV の語順であり、SOV を基底の語順とする考え方もある（さらに主節は定形第二の語順を取り、主語以外の項も主題であれば動詞直前位置を占める）。ここではその頻度から SVO 型の言語とみなす。

2.2 調査

　ここで東京外国語大学で組織的に行われた調査を紹介する。『語学研究所論集』21 号では、統一したアンケート例文によって、諸言語の専門家から情報構造に関する各言語のデータを収集した。この調査によれば、データの得られた 22 言語のうち、SVO を基本語順とする 9 言語 (エジプト・アラビア語、インドネシア語、マレーシア語、ラオ語、クメール語、中国語、スペイン語、フランス語、ドイツ語) で動詞の前に不定の名詞句が来るのを避ける。すなわち語順の転倒等[8]が起きる。他方、SOV を基本語順とする 11 言語[9]では、デフォルトの文型により文焦点の文が表現でき[10]、特に特別な構文要素や有標な語順の使用を必要としない。

　以下では、インドネシア／マレーシア語と、さらに上記の調査外のマテンゴ語について、その記述や状況を確認しておく。

　インドネシア／マレーシア語では、文焦点の存在文では VS 語順となるが (Ada mobil. (be car)「車がある」)、所在文 (定の名詞についてその存在場所を示す述語焦点の文) では SV 語順となる (Mobil saya ada di garasi. (car I be in garage)「私の車は車庫にあります」) (降幡 2005:106–107)。Kenapa ni? (why this「どうしたの？」) のような問いに対する応答の文焦点の文では、SV 語順の *Hmm, tetamu datang (-lah). (hmm guest come-LAH (肯定の焦点表示) 意図した意味は「お客さんが来たんだ」) は許容されず、Hmm, ada tetamu datang

---

[8] より正確には、はっきり (単なる) 主語の後置といえるのは 4 言語である。他方、ラオ語とクメール語では存在動詞を文頭におき、その後ろに文焦点の内容の文を後続させることによって文頭に動詞直前位置の名詞が来ることを回避している (本稿の中国語の例文 (5b) を参照)。スペイン語、フランス語、ドイツ語でも "it 〜"、"has 〜" のような要素の後ろに文焦点の文を後続させている。

[9] 当該の 11 言語は以下のとおり：ペルシア語、ウルドゥー語、グイ語、トルクメン語、モンゴル語 (ハルハ方言)、ダグール語、ナーナイ語、ソロン語、ビルマ語、ラワン語、朝鮮語。

[10] さらに特別な構文要素や有標な語順の使用を必要としない言語は 2 つあり、一つは SVO 語順のフィンランド語、もう一つは自由語順のハンガリー語 (注 12 も参照)、いずれもウラル語族の言語である。なおウラル祖語は「動詞が文末におかれる (verb-final)、いわゆる SOV 型の言語であったと考えられて」いる (松村 1988: 850)。

(-lah).（hmm be guest come-LAH）のように存在動詞を用いた表現によって示す必要がある（野元・アズヌール アイシャ 2016: 180）。

多くのバントゥ諸語の基本語順は SVO であるが、マテンゴ語において動詞の前の位置は主語というよりもむしろ主題（あるいは最も主題性の高いもの）の位置であり、動詞の直後は目的語よりもむしろ焦点の位置である（米田 2012: 253）。（SV の場合に）不定名詞は動詞の前に置くことはできず、存在文やたった今実感している感覚を表す自動詞文でも、主語は動詞の後ろにおかれる（米田 2004: 183）。ただし SVO の場合（あるいは S-V-Adv など V の後ろに何かある場合）の S は「定」である必要はないという（米田 p.c.）。

3. SVO 型言語の S が主題兼主語でなければならない理由

3.1 類型論的観点からの説明

一般に情報構造上、主題は文頭に来るべき必然性があるが（Lambrecht 1994: 199–205）、前節で見たとおり、文焦点で動作主が不定である場合は、言語によっては主語であっても文頭には起こりづらくなる。語順はまず、統語や意味よりも情報構造によって強く規定されていると見るべきだろう。

一方、主題になりやすいのはシルバースティーンの名詞句階層 (8) の左側に位置する要素であると言われている。角田（2009: 41–42）によれば、シルバースティーンの名詞句階層は「話題になり易さの度合い」である。日本語でも階層の左の方では「は」（主題）を用いるのが自然で、右の方では「が」（中立叙述）が自然であるとしている（角田 2009: 54）。

これに対し、主語になりやすいのはどのような名詞だろうか。通言語的に（統語論的に決定される）主語というものを定義することは難しいので、ここではいったん意味論的に動作や状態の主体となるものと考えよう。するとそのような主語には、他動性の高い二項動詞（二項述語階層の左側、「殺す」、「叩く」など）およびいわゆる非能格の一項動詞（「走る」など）の場合、人間名詞、すなわちシルバースティーンの名詞句階層の左側に位置する要素がな

りやすいだろう。一方、他動性の低い二項動詞（二項述語階層の右側、「ある」、「できる」など）およびいわゆる非対格の一項動詞（「落ちる」など）では、モノ名詞、すなわちシルバースティーンの名詞句階層の右に位置する要素がなりやすいだろう。つまり主題とは異なり、主語の方は述語の種類によって大きく左右される、ということになる。

(8)　シルバースティーンの名詞句階層における主語の種類と動詞の関係
　　　1>2>3（人称）＞親族名詞＞固有名詞＞人間名詞＞動物名詞＞無生物名詞
　　　他動性の高い2項Vと非能格1項V　⇔　他動性の低い2項Vと非対格1項V

したがって一般的／通言語的には主題と主語はさほど一致しないはずである。

しかしSVO型言語、中でも特に形態的に孤立型で、文法標示要素が極端に少なく、名詞の格標示を持たない言語[11]では、Vの前後の位置によってSとOを区別しなければならない。このような統語制約上、主題が来るべき文頭の動詞直前位置に主語が来ることになり、そのため文頭の動詞直前位置にくる名詞は主題と主語を兼ねることが多くなるものと考えられる。

これに対しSOV型言語では、まず動詞直前位置が文頭になるとは限らない。自動詞であれば動詞直前位置はSとなるが、時間や場所の名詞句が文頭に来ることも多い。他動詞がSOV語順を取れば動詞直前位置にはOがくる。したがって文頭とも限らない動詞直前位置の名詞の分布は、シルバースティーンの階層においていろいろな位置に散らばる。そのため文頭の位置や動詞直前位置は統語的に特別な意味を持ってこない。情報構造の観点からは、「動詞の直前がフォーカスになるという現象はSOV語順を取ることが

11　SVO語順で形態論的に孤立型の言語は動詞の前後の位置のみによってその（SVOの）統語的関係を明示できる。したがってSVO型言語が格を持たない確率は高い。WALS (Haspelmath et al. (eds.) 2005) によれば、格の数が0である100言語のうち、51言語がSVO語順である（風間 forthcoming も参照）。英語史においても、「古英語のSVO型が強化され、それによって格変化の減量が誘発されたが、これは音韻構造内の規則の変化によって一層強められた」（松浪（編）1986: 36）と言われている。すなわち、語順の変化と格の消失は連動し、しかも相互に推進し合うものであることがわかる。

できる言語によく見られる[12]」とされていて(西光 2004: 117)、動詞直前位置は主題でなくむしろ焦点になりやすいことがわかる。さらに SOV 語順の言語には格を持つ言語が多く[13]、名詞句間の語順は比較的自由になり得るので、動詞直前位置の名詞が偏った分布になる必要もない。

以上のように類型論的な観点から、より固定的な SVO 語順と、主語と主題の合一、他動詞における人間名詞の主語化[14]（名詞句階層の左側を主語に取る）という一連の特徴は互いに内的な関連を持っており、そうなるべき必然的理由があるものと考える。

3.2 通時的観点からの説明

次に通時的な観点から、西ヨーロッパの言語に関して、SVO 語順が固定してくるにつれ、その S が主題兼主語を示すものとなってきた、という歴史的変遷の例を見ることにする。

亀井・河野・千野（編）（1996: 502–503）では、「西ヨーロッパ言語連合

---

12 例えば日本語において、「5 人の小学生が やってきた」に対し、「小学生が 5 人やってきた」と数量詞を遊離した場合には、動詞直前に位置する「5 人」がより重要な情報的価値を担うとする説がある（大木 1987: 37–39）。ハンガリー語は自由語順の言語とされているが、主題（topic）が文頭に来て題述（comment）がそれに続き、最も強調される要素である焦点（focus）はその題述のはじめにくる。述語動詞が焦点にならない場合には、焦点は必ず述語動詞の前にくる（以上ハンガリー語の語順に関しては、早稲田・徳永 1992: 366 による）。

13 やはり WALS によれば、6 以上の格をもつ 80 言語のうち、55 言語が SOV 語順である（風間 forthcoming も参照）。

14 風間（2016a: 84）では日本語には有生性方向制限があり、やはりシルバースティーンの階層構造の左から右に向かって行為が行われる、とした。ただしこれは他動詞でも意志動詞に限ってのことであり、状態的で意志性も落ちる述語にも他動詞の構文が現れる英語での状況とは大きく異なる（4.1.1 で後述）。たしかに英語で他動詞における無生物主語が許容されることは、人間名詞を主語とする傾向とは矛盾している。こうした無生物主語の他動詞構文の中心をなすのは、無生物の刺激項が感情（を感じる方の）主体に働きかける感情述語によるものであるようだ（風間 2016a）。ここでは無生物の刺激項が事態の成立に対してより積極的な役割を果たしていることが主語として現れる原因となっているのかもしれない。スペイン語のように SVO 語順の制約の緩い言語では、やはり与格の感情主体が主題となって動詞前の位置に現れる文や、対象が主題化される左方転移の文が観察される（野田 1994: 42）。SVO 語順の固定度と人間名詞の主語化の度合いの相関については、今後さらに精密な検討を積み重ねていく必要がある。

（West-European 'Sprachbund'）」の項目があり、次のように記されている。

> 言語連合的な現象は世界言語のいろいろな地域にさまざまな度合いで観察される。たとえば、近代ヨーロッパの諸言語は、大部分、系統的には印欧語に属するけれども、アジアで話されているインド・アーリア諸語やイラン諸語と比べるとその文法構造が著しく異なっている。たとえば、アジアの印欧語はおしなべて語順のタイプがSOVであるのに、ヨーロッパの言語はすべてSVO型、アジアの印欧語で定・不定冠詞をもつ言語はきわめて稀であるが、ヨーロッパの多くの言語はそれをもっている、等々。このようなヨーロッパ、特に西ヨーロッパのロマンス語系とゲルマン語系の諸言語の間にみられる多くの共通特徴は、印欧祖語はもちろん、直接の前身であるゲルマン祖語やラテン語から受け継いだものではなく、中世以降、これらの近代諸語が形成される過程で、相互の接触と影響によって次第に発達したものである。ヨーロッパを1つの言語連合とみれば、その中心はフランス語、オランダ語、英語などであり、周辺に、スペイン語、イタリア語、ドイツ語など、そのまた周辺に、北欧、中・東欧の諸言語という広がりを見せる。

そして「形態・統語法の面での「ヨーロッパ的特徴」としては、次のようなものがあげられるであろう」と述べ、次のような項目が列挙されている。

1) SVO型語順の確立と格組織の喪失。これはロマンス語においてもっとも早く現われ、次第に周辺の諸言語へと広まった。特に中心部の言語では、この語順が、失われた格に代わって主語と目的語という文法関係の標示に役立てられる。
2) 定冠詞と不定冠詞の使用。バルカンと北欧を除く諸言語では、名詞の前におかれて、単に定・不定だけでなく、名詞の性・数（また一部では格）の標示にも役立てられ、古い印欧語の名詞の語尾変化が語頭変化に移ったかのような趣を呈する。
3) 統語法における主語の優位性。英語、ドイツ語やフランス語、レト・

ロマンス語などでは、あらゆる文に必ず 1 つの、そしてただ 1 つの主語がなければならない。したがって、「二重主語」というような構文や、主語のない文というものも許されないから、it is so good, c'est si bon, es ist so gut の it, ce, es のような代役主語が出現する。
4) 所有表現が「太郎に本がある」というような与格構文ではなく、have, voir, haben などの動詞による他動詞構文をとる。ユーラシア大陸ではこれらの言語以外で、この構文はほとんどみられない。

以下さらに 5)〜7) までの特徴が示されているが、本稿と直接の関係がないのでここでは引用しない。

亀井・河野・千野（編）（1996）は、これらの特徴の間の相互関係については特に述べていない。しかし、筆者はこれらの特徴の間には「内的関連」があるものと考える。

ここではまず、4) に注目したい（なお「2)」については 5 節で取り上げる）。例えばロマンス諸語においてはラテン語の Puero liber est.（boy.DAT book.NOM is）のようであった所有表現が、have 型の動詞による所有構造に移行した。これは主題を主語化したいという力が加わった結果、与格の主題であった所有者を主語とする have 型の他動詞が発達したものと見ることができる。

東京外国語大学『語学研究所論集』の 18 号では、広く所有・存在の構造について扱い、14 の言語について分析を行った。するとこの諸言語は 2 つのグループに分かれ、もっぱら「持つ」にあたる動詞によって（ただし一時的な存在などの場合には「ある」にあたる動詞も用いて）所有・存在を表現する言語（「持つ」型言語）と、もっぱら「ある」にあたる動詞のみによって所有・存在を表現する言語（「ある」型言語）のいずれかに属する[15]ことがわかる。両タイプの言語の内訳とその基本語順は以下のようであった。

15　ただし、アラビア語だけは、動詞でなく前置詞を用いたコピュラ文によっていた。

「持つ」型言語：スペイン語（SVO）、ドイツ語（主節 SVO／従属節 SOV）、インドネシア語（SVO）、ペルシア語（SOV）、中国語（SVO）、マダガスカル語（VOS）

「ある」型言語：ロシア語（自由語順／（SVO））、フィンランド語（SVO）、ウルドゥー語（SOV）、朝鮮語（SOV）、ナーナイ語（SOV）、モンゴル語（SOV）

ここでもやはり所有表現と語順がある程度相関していることがわかる。したがって通時的にも、SVO 語順の固定化と、「持つ」型の所有表現の発展は連動するものと考える。

4. SVO 型言語の S が主題兼主語であることからの必然的帰結に関する考察

3 節で語順と他の特徴の内的関連を主張したものの、3.1 はなお思弁的な考察にとどまっており、3.2 は西ヨーロッパという限られた地域での一例を見たに過ぎない。この 4 節では、通言語的にこの仮説が有効であることを示すために、さらに SVO 型言語における他動詞優勢などの特徴を上記の情報構造に起因する類型から説明することを試みる。

すでに述べたように、SVO 型言語で主題と主語が合一であれば、文頭で動詞直前位置の主題というものが名詞句階層の左側に偏るため、主語もその階層のより左側に位置する人間名詞にならざるを得なくなってくる。したがってそれ以外の名詞項は動詞の後ろに回らざるを得ないので、人間名詞を主語とした他動詞構文が優勢になることが考えられる。このことをまず 4.1 で共時的および通時的な面から考察する。

次に、やはり SVO 型言語で主題と主語が合一であれば、主題になりやすい人間名詞を斜格主語とすることも難しくなる。したがって与格や能格による（人間名詞の）斜格主語は SOV 型言語に起こりやすく、SVO 型言語には起こりにくいことが予測できる（SVO 型言語では上記のように人間名詞を主語

とした他動詞構文が優勢であると考えられるので、この2つの予測は表裏一体のものであるといえる）。この点については、4.2で考察する。

4.1　英語における他動詞優勢

4.1.1　二項述語階層による説明

　西光（2004: 120–124）は、「英語では品定め文の範囲が狭く、他動詞構文の範囲が広い。日本語では逆に品定め文の範囲が広く、他動詞構文の範囲が狭い」として、以下のような一連の日英語の表現の違い（A～F）を取り上げている[16]。下記 A～F 各類の「　」内には西光（2004）自身による説明を一部引用した。中でも A～C には両言語の構文の違いについてより具体的な説明が付されている。

A：英語の"Have a ADJ N."に日本語の品定め文が対応するもの

(9) a.　彼女は笑顔が素敵だ。She has a nice smile.
　　b.　彼は記憶力がいい。He has a good memory.
　　c.　彼は肩がいい。He has a strong arm.

B：日本語で「場所と時がトピックになりやすい」もの[17]

(10) a.　この辺はテレビの写りが悪い。 We have poor TV reception around here.
　　 b.　この夏は雨が少なかった。 We've had little rain this summer.

C：「英語では様態の副詞になるものが日本語では品定め文の述部に形容詞・

16　西光（2004）には、さらにもう3例の例文があったが、慣用的な表現であったり、日本語の方の文に省略があるものであったため、議論を複雑にするのを避けるためにこれらは扱わなかった。

17　このように日本語で「この辺はテレビの写りが悪い。」「この夏は雨が少なかった。」のような場所や時をトピックにした文が成立しやすいのは、これらが副詞項（adjunct）でなく文法項（argument）として「は」によって主題化されるためであると考える。これは、英語などではもっぱら副詞項として扱われる場所や時間が、日本語ではより文法項的に取り扱われていることに起因していると考える。「空を飛ぶ」、「部屋を出る」、「ここはどこ？」、「私のどこが好き？」のような表現を想起されたい（田窪1984も参照されたい）。

形容動詞の形で入るものも多い」

(11) a. 彼の運転は慎重だ。He drives carefully.
b. 物語の幕切れはあっけなかった。The story ended abruptly.
c. 英語のテストは悪かった。I did poorly on the English test.
d. 絵の具、もったいないわねえ。You're wasting your pigments.
e. あの子、ほんとにかわいそうだったわ。I really felt sorry for him.

D：「英語の対応する構文があまり使われない場合もある」

(12) 納豆はおいしくない。
Natto is not delicious.（不自然）
→ I don't like natto.

(13) スキーは楽しかった。みんなそう、思った。
The skiing was very enjoyable for everyone.（不自然）
→ Everyone enjoyed the skiing very much.

E：「逆に、英語の他動詞構文に対応する日本語の構文が不自然な場合も多い」

(14) このきのこは食べられます。
You can eat this mushroom.（cf. This mushroom is edible.）
＊?このきのこを食べることができます。（英語母語話者の日本語）

(15) この雑誌は10代の若者によく読まれている。
A lot of teen-agers read this magazine.
＊?たくさんの10代の若者がこの雑誌を読みます。

(16) この論文はチョムスキーに数回読まれた。
Chomsky read this paper several times.
?チョムスキーがこの論文を数回読んだ。

F：その他、やはり英語の他動詞文に日本語の品定め文が対応するもの

(17) I love your father. あなたのお父さんって、いい人ね。
(18) 鹿児島は私の懐かしいふるさとです。I long for my hometown.

以上の西光（2004: 120–124）の例文（全17例）を検討すると、その英語の表現のうち12例（(9a–c)、(10ab)、(11d)、(12)–(17)）までが人間名詞を主語とした他動詞文である。(11ce)、(18)の3例も自動詞ではあるが、やはり句動詞の前置詞が対象を支配している人間主語の文である。一方、これら合計15例の英文に対応する日本語文の全てにおいて、英語表現における目的語が主語で現れている。残る2例のうちの(11a)でも英語の人間名詞主語の構文に日本語では「運転」を主語とする文が対応している（(11b)のみ、日英語共に無生物主語である）。このように、やはり英語では人間名詞を主題兼主語とした他動詞文を多用することが確認できる。

西光（2004: 120）では、このような日英語の違いを情報構造から説明しようとしているが、その説明は十分ではない。ここではさらに角田（2009）の二項述語階層に照らしつつ、これら英語の文の述語に注目してみよう。すると上記の一連の例文における述語は、もっぱら二項述語階層のより右側の方に現れるものであることがわかる。

表1　二項述語階層（角田2009）

類	1		2		3	4	5	6	7
意味	直接影響		知覚		追求	知識	感情	関係	能力
下位類	1A	1B	2A	2B					
意味	変化	無変化							
例	殺す、壊す、温める	叩く、蹴る、ぶつかる	see、hear、見つける	look、listen	待つ、捜す	知る、わかる、覚える、忘れる	愛す、惚れる、好き、嫌い、欲しい、要る、起こる、恐れる	持つ、ある、似る、欠ける、成る、含む、対応する	できる、得意、強い、苦手、good、capable、proficient

例えば (11e) の feel は「2A 知覚」、(12) の like、(13) の enjoy、(17) の love、(18) の long for は「5 感情」に、(9a–c) と (10ab) の have は「6 関係」に、(14) の can は「7 能力」に属する[18]と考えられる。

二項述語階層に関して、角田 (2009) は次の4点 (P～S) を指摘している。

P. 「意味の面では、大まかに言って、表の左の方の述語は動作を表すが、右の方の述語は状態を表す。」(角田 2009: 102)「品詞についてみると、表の左の方では、どの言語でも動詞である。しかし、形容詞のある言語では、右の方に行くに従って、形容詞が出てくる」(角田 2009: 104)

Q. 「どの言語でも、1A では他動詞格枠組みが出る。… しかし、表 6-1[19] で右の方へ行くに従って、他動詞格枠組みは出なくなる傾向がある。」(角田 2009: 110–111)

R. (日本語では)「「が＋を」は左から延びて行き、逆に、「に＋が」は右から延びて行く。」(角田 2009: 119) 4類「知識」: 幸作には自分の罪がわからない、5類「感情」: 太郎に金が要る、6類「関係」: 太郎に金がある／無い、7類「能力」: 太郎に英語ができる (角田 2009: 97, 103, 114)

S. 「一般に…与格構文は能力、所有、感情、知識等の述語と共に用いる。」(角田 2009: 114)

なお角田 (2009) ははっきりと述べていないが、「が＋に」の格枠組みに「昭夫が花子に惚れた」(角田 2009: 97) のような例が挙がっているのを見ると、上記の R. にあるような「に＋が」の格枠組みは [人間名詞-に　モノ名詞-が　述語] のような構成になっていることがわかる。

角田 (2009) は明示していないが、日本語では「私にはあそこの山がよく

18　日本語の構文が受身である (15)、(16) を措けば、残る (11a–c) の述語は自動詞 (すなわち一項動詞) であるため、二項述語階層の上に位置づけることができない。そのため、ここでの考察からは対象外とした。

19　本稿の表1。

見える」のように、2Aの知覚動詞でも「に＋が」が現れる。安藤 (1986: 267, 269) は、次のような知覚表現における日英語の表現の違いを取り上げているが、ここでも英語では人間主語の他動詞構文が現れる。

(19) I can see a ship in the distance.「遠くに船が見える」
(20) What do you hear?「何が聞こえますか？」
(21) At these words I found my heart beating violently.「この言葉を聞くと、心臓が激しく鼓動し始めた」

このような角田 (2009) のP〜Sの指摘を踏まえて、日英語の違いを説明すれば次のようになろう。すなわち、二項述語階層の右側では他動性が下がり、その述語はより状態的である（意志性も落ちる）ため、主題となりやすい人間名詞も一般に斜格主語の形を取ろうとする。日本語ではその場合に斜格主語となることに支障はない。ところが英語は（SVO型言語で）主題イコール主語であるため、階層の左側の述語で用いる典型的な枠組み、すなわち人間名詞を主語とした他動詞構文を階層の右の方の述語でも用いなければならない[20]、ということになる。

　なお階層の右の方の述語は状態的であるため、日本語で品定め文／形容詞述語文が出るのも当然であるが、英語では他動詞を用いるケースが多くなる。裏を返せば、SVO型言語の(他)動詞は、アスペクト的にも状態的な性格を強く示すことになると考えられる。この点に関しては5節でさらに扱う。

20　動詞の自他に関して、OV言語においては他動詞化派生が大部分を占め、その傾向は北アジアなどで好まれる特徴であるが、これに対しヨーロッパの印欧諸語では自動詞化が多いという (Nichols, Peterson, and Barnes 2004: 178)。このことも、ヨーロッパの印欧諸語では他動詞が優勢であるために自動詞化が必要であるのに対し、北アジアのOV言語では自動詞が優勢であるため他動化の方が必要である、と説明することが可能だろう。英語で情報構造を転換するためには受動を用いて主語も転換しなければならないが、これは英語が主語イコール主題の言語であるためである（このことはインドネシア語等にも当てはまるものと考える）。日本語では主題マーカーがあるので受動をそのために使う必要はない。受動はむしろ行為の方向の反転のために使われる（詳しくは風間2015: 58–59を参照されたい）。

4.1.2 通時的観点から見た英語における他動詞優勢

英語における他動詞優勢は次のように歴史的に発展してきたものとされている。以下は中尾・児馬（編著）(1990: 99-102、一部要約）による。

　　古英語では自動詞の数は、他動詞や自動詞・他動詞の両用法をもつ動詞に比べるとはるかに多かった。しかし現代英語では、他動詞や自動詞・他動詞の両用法に用いられる動詞の数のほうがはるかに多い。それは古英語以来、大規模な他動詞化 (transitivization) が起こったためである。とくに後期中英語から初期近代英語に至る間に他動詞が大量に増加した。（中略）他動詞化のなかで注目すべきは、動詞の内的変化である。すなわち、古英語から現代英語にかけて、動詞の持つ他動詞性 (transitivity) が強くなる傾向を英語は示しているということである。他動詞性とは、目的語に働きかけ、作用、影響を及ぼし、さらに進んだ段階としては目的語にある動作をさせる、あるいはある状態に強制的に至らしめるという働きをする。そしてこの他動詞性の強化という英語の定向的変化は、別の側面から捉えると、非人称構文の人称化にみられるような、人称化 (personalization) の過程でもある。他動詞性の強化はいっぽうでは人称主語を要求するからである。他者に働きかける行為にふさわしいのは行為者主語 (agent subject) であり、それに一番ふさわしいのは人間およびそれに準ずるものだからである。この他動詞性の強化と人称化の密接な関係を示す一例をあげよう。like は現代英語では他動詞であるが、古英語のころは非人称動詞 līcian (=please) であった。（中略）古英語の līcian は、非人称動詞であり他へ作用を及ぼす「他動詞性」を欠いていた。その意味はパラフレーズすると、'be agreeable to' というようなものであり、与格、対格で示される目的語はその agreeable なるもの、状態の受け取り手であった。（中略）その後、非人称構造は人称化され、目的語だったものが再分析されて主語となった。

このようにまず通時的な事実として、英語では人間名詞を主語とする他動詞の増加が起きたことが立証されている。他動詞化をもたらした要因として、

中尾・児馬（編著）（1990）は、格接辞の衰退、接頭辞の消失、語幹の母音対立の消失をあげている。たしかに上記の līcian > like におけるような構文の変化は、この3つの原因による面もあるだろう。しかし筆者は、さらに格接辞の衰退がSVO語順の固定を招き、それが主語と主題の合一化につながった結果、他動詞化を促進したものと考える。

4.1.3　英語以外の SVO 型言語における他動詞優勢

中国語の感情表現に関しても下記のような記述がある（大河内 1997: 152–153、一部改変）。

> 感情表現は言語によって二様の言い方(動詞によるものと形容詞によるもの：筆者注）が存在するが、中国語の特徴はこのうち動詞的表現が優勢なことである。本来的には形容詞がないと言ってよいかもしれない。
> 如果多少有用的話，我将感到非常高興。「もしお役に立つなら、私は嬉しく感じます」
> 対我来説，工作比玩更到愉快。「私にとっては仕事をしているほうが遊んでいるよりずっと愉快に感じます」
> 日本語でいえば「いくらかでもお役に立つならうれしい」「仕事をしているほうが遊んでいるより楽しい」というところだが、"感到"をつけ加え、動詞にしてしまう。(中略)また語彙構成として中国語では形容詞あるいは自動詞的な感情表現が少ない。

このように中国語でも英語の感情表現と類似した状況が観察される。

マテンゴ語では、角田（2009）の表1：二項述語階層における5の感情述語、同じく6のうち「持つ」「ある」と9のうち「〜が可能だ」以外では、階層の右の方ももっぱら他動詞で表現されるという（米田 p.c.）。感情述語はもっぱら自動詞によるが、中国語のように人間を主語として「悲しみを感じる」のような表現を用いることもできるという（米田 p.c.）。無論、これだけでは通言語的な立証として全く不十分であるが、今後さらに他のSVO型言語に（特に二項述語階層の右側においての）他動詞優勢の傾向が観察される

か、研究が俟たれる。

4.2 通言語的に見た SOV 型言語における斜格主語の優勢

4.2.1 二項述語階層による調査

　Masica (1976: 193–195) はインドの諸言語が持つ 30 の地域的特徴として、「一連の与格主語構造の存在」およびこれに相関する「与格主語の高度な発達」、そしてその裏返しである「多様な機能の have が存在しない」という特徴をあげている。Masica (1976) はさらにこうしたインド的な特徴の多くがアルタイ諸言語を経由して朝鮮語や日本語へと連なっていることを示した。しかし、同時にこれらの言語はいずれも類型的に見れば SOV 型言語である。実際に Masica (1976) の「多様な機能の have が存在しない」という特徴に関して、インドの諸言語の他にはビルマ語、トルコ語、チベット語がプラス（いずれも SOV 型言語）、他方、中国語、英語、スワヒリ語、タイ語はマイナス（いずれも SVO 型言語）となっている。角田 (2009: 115) も「管見では与格構文は特にインドとその周辺の諸言語とコーカサスの諸言語[21]に多い様だ」と述べている。

　『語学研究所論集』19 号では、角田 (2009) の二項述語階層に対応した 20 の例文を用意し、23 の言語についてその構文や格枠組みの現れ方を調べた。そこでは典型的な他動詞（上記の階層の 1A）で現れる構造／格枠組みを「典型構造」とし、その出現を点数化することによって言語間における違いを見たが、その結果は次のようであった。

　　中国 (75) > マダガスカル (74) > ニヴフ (73) = ラオ (73) > フランス (68) > マレーシア (67) >
　　アラビア (65) > スペイン (64) > ブルガリア (61) > 朝鮮 (60) > ソロン (60) >
　　ポルトガル (59) = イタリア (59) > ポーランド (56) = ナーナイ (56) = 日本 (56) >
　　ロシア (52) > ダグール (50) > ウズベク (49) > ペルシア (47) > モンゴル (44) >
　　リトアニア (37) > ウルドゥー (24)

21　コーカサスの諸言語は、北東コーカサスのフバルシ語やアルチ語に SVO が散見される以外は全般的に整合的 SOV 型語順が基本になっている（山本 2003: 89）。

すなわち点数の高い言語は他動詞的な構文／格枠組みを好む言語であり、点数の低い言語は斜格を含む構文／格枠組みなどを好む言語ということになる。最も「他動的な」言語は、東南アジアの言語（中国語、ラオ語、マレーシア語）に多く、これは格をはじめとする名詞の変化を持たない SVO 語順の孤立型言語である。次に「他動的な」傾向が強い言語は、ロマンス諸語（フランス語、スペイン語）で、やはり印欧語の中にあっては格変化を失った SVO 型言語である。VSO 語順のアラビア語も「他動的な」傾向の強い言語となっている。SOV 語順だが、S と O に明示的な標示を持たない点ではやや孤立的な類型を示すニブフ語も「他動的」である。

　以下に続くのはスラブ諸語とアルタイ諸言語であるが、いずれも斜格を含む豊かな格変化を持っている（ブルガリア語を除く）。スラブ諸語は一部基本語順は SVO とされることがあるもののかなり自由な語順を持っており、アルタイ諸言語はもっぱら SOV 語順である。他方、最も「他動的」でないのは、印欧語の中でも SOV 語順を示すインド・イラン語派のペルシア語、ウルドゥー語と、バルト語派のリトアニア語である。これらの言語もやはり豊かな格体系を持つが、上記の Masica (1976) の研究にあったとおり、ペルシア語とウルドゥー語では受動構文や与格構文等、他の言語において主格で現れる項を斜格で示す傾向を強く持っている。リトアニア語は、他動性の低い述語や、具体的でない対象に対して、対格を用いない強い傾向を示しているため点数が低くなっていると考えられる（Hopper and Thompson 1980 のいう他動性を参照されたい）。なお現代リトアニア語では SV (O) 語順が圧倒的に優勢だが、民衆の言語・フォークロアの言語に SOV 型の語順が残っているという（村田 1992: 766 による）。

　以上、本節では斜格主語と語順の相関について、通言語的な調査結果を検討した。

4.2.2　WALS による能格・絶対格構造の言語とその語順の相関に関する調査

能格・絶対格構造の言語における能格も、斜格主語の一種とみなすことが

できる。そのことは、能格が逆受動の操作によって昇格されることのある斜格であり、属格や具格の機能を示す形式で示されることも多い[22]ことから明らかであろう。

　Haspelmath et al. (eds.)(2005)(WALS) では、ネット上で2つの言語特徴を掛け合わせ、両方の特徴を合わせ持つ言語を絞り込むことが可能である。そこでここでは、[81A: Order of Subject, Object and Verb] と、[98A: Alignment of Case Marking of Full Noun Phrases] のデータを掛け合わせてみた。すると能格・絶対格構造の言語の語順は SOV: 16 言語、No dominant order: 7 言語、VOS: 2 言語、VSO: 1 言語、SVO: 1 言語(南米アラワ小語族のパウマリ語)である。予想どおり、SOV ならびに自由語順の言語がほとんどを占めていることがわかる。81A と 98A の掛け合わせにおいて、SVO 語順を持つ言語は全部で49言語取り上げられているにもかかわらず、そのうち能格・絶対格構造を示す言語は1言語しかないのも注目に値する。なお最も多いパターンは SVO 語順で中立型の格標示を取る言語であり、これは 39 言語であった。

　以上 4.2 では、SVO 型言語が他動詞優勢であることの裏返しとして、斜格主語が SOV 型言語に偏って存在していることを確認した。

5.「総称・恒常デフォルト標示型言語」と「個体・現実デフォルト標示型言語」

　4.1.1 で見たように、主語と(人間中心の)主題とが合一であろうとするため、英語の(他)動詞は日本語で品定め文を使うような状態性の事態を示すのにも使わざるを得ない。裏を返せば、英語をはじめとする SVO 型言語の(他)動詞は、アスペクト的にも状態的な性格を強く示すものと考えられる。この節ではこの点を問題にする。

　すでに見てきたように、SVO 型言語では、動詞の前に名詞が来る限り、それは現象文ではなく、定の名詞についての判断文であるケースが大部分を

---

[22] 例えば、エスキモー語では属格と同じ形式、チベット語では具格の機能を示す形式と同じ形式で示される(宮岡 1988: 904、北村・長野 1989: 782 による)。

占める。言い換えるならば、たいていの場合に英語の文頭かつ動詞直前位置の名詞は、日本語でいえばすでに「は」がついているようなものであり、その文全体は機能的に日本語の品定め文に近いものとなる。したがってSVO型言語における多くの文は、デフォルトでは恒常的な時間の中に起きる総称文[23]として解釈されやすい素地があると考える。他方、SOV型言語では、通常の語順の文にそのような縛りはない。現象文を示すことができ、むしろ個別の事態についての事象叙述文として成立する[24]。

　このことから、筆者は次のような類型を提案する。すなわち、SVO型言語はデフォルトの形式で総称・恒常的な事態を示そうとするのに対し、SOV型言語はデフォルトの形式で個体の発話時点での事態を示そうとする。したがって前者を「総称・恒常[25]デフォルト標示型言語」、後者を「個体・現実デフォルト標示型言語」と呼ぶことにする。SVO型で総称・恒常デフォルト標示型の言語では、定の個体と総称を区別するため、(不)定冠詞など個体化のマーカーを必要とするものと考える[26]。

　ではこの個体化のマーカーについて考えよう。ここでは西ヨーロッパの言語に見られる冠詞と中国語に見られる類別詞を主に取り上げる。3.2で見た

---

[23] 西光 (2004: 117-118) では次のように述べている：「トピックになる名詞句は定名詞あるいは全称名詞でなければならない。これは言語普遍的な制限とみられる。」

[24] このような二段、三段にわたる演繹的な推論には、論理の飛躍があるかもしれない。今後はさまざまなケースを分類しつつ考察を行い、論理にほころびがないか考察を深めていきたいと考えている。

[25] 『語学研究所論集』15号の特集では23の言語について広義のアスペクトの諸表現に関するデータを収集した。そのアンケート項目の一つである「地球は太陽の周りを周っている」のような恒常的真理を表す文に関して、現代ロマンス諸語や中国語、ラオ語などのSVO型言語はデフォルトの動詞形を用いる。習慣の表現にも同様にもっぱらデフォルトの動詞形を用いる。他方、SOV型言語にはモンゴル語やトルコ語など習慣を示す専用の動詞語尾を用いる言語や、日本語など進行形を用いる言語がある。したがって総称・恒常デフォルト標示型言語では、恒常的な時間の標示が無標であり、特に中国語など時制を持たない言語では逆にアクチュアルな現実の一時点に位置づけるために何らかの形式（「就jiù」など）を必要とするものと考える。

[26] 他方、SOV型で個体・現実デフォルト標示型の言語では、逆に総称化が必要になるため、動詞の名詞化（係り結びやノダ文）や主題標示のマーカーを必要とする傾向があるのではないかと考えている。この点に関してはまた稿を改めて論じることにする。

ように、語順が自由なラテン語は冠詞を必要としなかったが、その後裔であるSVO型の現代ロマンス諸語は冠詞を発達させた。ヨーロッパの印欧語でも自由語順を示すロシア語には冠詞がなく、SOV型のインド・イラン語派の印欧語も冠詞を持たない。英語やフランス語の不定冠詞、さらには通言語的に見た不定冠詞の機能について、大河内（1997: 56–58、一部中略）は次のように述べている。

> 元来不定冠詞はこの不定の表示という以前に、というよりそのための不可欠の前提として、個体化したもの、個別のもの、つまり現実的で具体的な「もの」を表すという大きな役割を担っているのである。たとえば、"salmon"という語でわれわれはなにを想起するだろうか。英語国民は"salmon"で鮭の肉を"a salmon"で頭も尾もある魚の形をした鮭を想起するという。頭も尾もある鮭は鮭本来の姿をした個体であり、それは冠詞"a"の働きで示される。（中略）物質名詞、抽象名詞はその代表だが、問題はそれにとどまらず、普通名詞も冠詞がおちると、機能的にも容易に性質表示の語に転ずる。卑近な例をあげよう。
>
> a) He is a Japanese.
> b) He is Japanese.
>
> （中略）もっとも、英語でこの傾向はそれほど顕著ではない。"student"のような一般の名詞で b) は成立しない。しかしフランス語ではよほど顕著になる。「主語の属詞となる名詞は限定辞に先立たれない限り名詞とも形容詞とも決定しがたい」といわれる。たとえば；
>
> c) Il est professeur. （彼は教授である）
> d) Son mari est très professeur. （彼女の夫はいかにも教授然としている）
>
> c) の"professeur"は一応名詞だが、はなはだ形容詞的である。（中略）一般に冠詞言語で裸の名詞にこの傾向は普遍的なもののようである。

次にヨーロッパ以外のSVO型言語について検討しよう。中国語やインドネシア語もSVO型言語であり、同様にデフォルトの文が総称文（属性叙述

文) として解釈されやすい素地を持っていると考える。井上 (2012: 2) は次のように述べている。

　　大河内 (1997) は、中国語では表現素材としての「素表現」とそれに個別性・具体性を与える表現とを組み合わせて「個別的具体的表現」をつくるとしている。また、黄 (2004) は、中国語の不定名詞主語文が個別具体的な出来事の叙述になるには時間、空間、様態を明示して叙述の具体性をあげることが必要であることを指摘し、その原因を中国語の無テンス性、すなわち時間の支えなしに個別具体的な出来事を叙述するという性質に求めている。

中国語では名詞の側での個体化に類別詞を用いる。大河内 (1997: 56、59–60、一部中略) は次のように述べている。

　　"一个"がヨーロッパ語の不定冠詞にきわめて近いものだということはすでに諸処にいわれているとおりである。贅言をくり返すまでもないが、なにより第一に、英語にせよフランス語にせよ不定冠詞はすべて「ひとつ」を意味する数量表現に起源しており、"一个"となんらかわらないということ、第二に、中国語の数量詞使用の圧倒的多数は数詞"一"であり、実数の表示の必要からこれほど多くの"一"が生じたとは思えないことからも明らかである。(中略) たとえば"学生"と"一个学生"について、中国人留学生たちにそれぞれふさわしい文脈を想定してもらうと、次のようになる。
　　　1. 他做什么？　他是学生。
　　　2. 他是一个学生，还很穷[27]。(中略)
　　類名である裸の名詞に"一个"がついて、個別の標示に収斂していく様は、次のような二文の対立にもうかがえる。
　　　7. 你们这儿有老师吗？

---

[27] 筆者訳により、例文の意味を示す：1.「彼は何をしていますか？」「彼は学生です」2.「彼は学生で、やはり貧乏です」

8. 你们这儿有个老师吗[28]?

　文脈として、どこかのアパートに先生を訪ねて行ってその家がわからず、近所の人にたずねたとしよう。そのとき問いとして発せられるのは8.の文で、7.になることはない。それは7.の文では先生を職とする人ならだれでもよい、何人いてもよい、ともかく先生がいるかときいているに反し、8.の文は話手の意識のなかに特定の個人があり、その人が先生であることをいっているからである。7.の文は近辺で先生をしている人をだれかれともなくリストアップする調査にこそふさわしい問いであるが、特定の先生を、つまり個体化とはそういう意味なのだが、そういう人を頭においてたずねるには適さないのである。

　インドネシア語に関して、崎山 (1990: 267) は次のように述べている。

　　単文の構造もつぎのように簡単である。bunga merah「花 (bunga) は赤い (merah)」
　　(中略) ただしこのような例文は、特定の談話のなかでなければ出現しにくい。文法的に完結した文としては、Bunga itu merah.「その (あの) 花は赤い」のように限定詞 itu を置くことによって、主述関係を明白にする。

　マレーシア語において、総称的に解釈され得る文における限定のない名詞は、個体を指示するものとして解釈することは難しいという (野元 p.c.)。

(22)　Anjing　menggongong.
　　　犬は　　ワンと鳴く

「その時」などの具体化の表現を伴って、適切な文脈におけば「(その) 犬がワンと鳴いた[29]」という解釈も可能だが、そのままでは総称文として解釈されるという (野元 p.c.)。他方、日本語で「ハ」を用いずに「犬が鳴く」と

28　同じく筆者訳により、例文の意味を示す：7.「ここいらへんに先生をしている人はいますか？」8.「ここいらへんに先生が住んでいますか？」
29　なおマレーシア語の動詞に形態的な文法範疇としてのテンスはない。

言えば、総称的な事実ではなく、どちらかと言えば個別の事態として解釈されるだろう。

マテンゴ語では、名詞に特に何も限定がなくとも、個別の事象を示すことができるという（米田 p.c.）。ただし、恒常的真理を表す文では主語を動詞の後ろにおくことはできないという（米田 2004: 182）。

(23)　　Ljöba　　li-bal-a　　　　muhi.
　　　　太陽 (5)　 SM (5) - 照る -F　 昼[30]
　　　　「太陽は昼間に照る」普遍的な事柄

このように SVO 型言語はデフォルトの文が総称文として解釈されやすい素地を持っているため、何らかの個体化の手段を必要とすることがわかる。

ここで冠詞の有無と語順の相関に関してやはり Haspelmath et al. (eds.) (2005) によって ［81A: Order of Subject, Object and Verb］と ［37A: Definite Articles］のデータを掛け合わせてみた。すると最も多いのは ［指示詞と異なる定冠詞を持つ／SVO］（100 言語）で、次に多いのは ［定冠詞も不定冠詞も持たない／SOV］（86 言語）であって、ここまでは仮説を裏付ける結果となっている。しかし、3 位に ［定冠詞も不定冠詞も持たない／SVO］が 54 言語あり、4 位に ［指示詞と異なる定冠詞を持つ／SOV］も 47 言語ある。その内部の具体的状況はさらに詳しく検討してみる余地があると考えているが、このデータからでは語順と総称・恒常デフォルト標示型／個体・現実デフォルト標示型の間に十分な相関があるとはいえず、本節で提案した類型の仮説は、現時点ではなお十分な証明をしたといえる段階には至っていない。

6.　まとめと今後の課題

以上、本稿で述べてきた相互に関連する類型論的特徴を表に整理すれば、以下のようになる。

30　SM= 主語辞、F= 語尾、（数字）は名詞が属しているクラスあるいは呼応している名詞クラスを表わす（米田 2004: 172 による）。

表 2　基本語順と内的に関連する諸傾向

SVO 型言語	SOV 型言語
主題 = 主語	主題 ≠ 主語
他動詞文優勢	自動詞文・名詞形容詞述語文優勢
斜格主語構文を持たない	斜格主語構文を持つ
（デフォルトで）人間名詞を主語とする	無生名詞がより主語になりやすい
文焦点で統語的操作が必要	項焦点でむしろ統語的操作が必要[31]
総称・恒常がデフォルト	個体・現実の一時点がデフォルト
個体化の標示が必要	総称・恒常化の標示が必要

　もちろんこれらはあくまでも相対的な傾向であって、「絶対的な特徴」ではない。SVO 型言語の語順にしても、英語のように孤立型できわめて語順が固定的な言語から、語形変化があってより語順が自由な言語まで幅があり、それによって関連する諸傾向もその強弱に差があるものと考えられる。

　さて、「SVO 型言語における他動詞優勢」と、「SOV 型言語における自動詞文・形容詞名詞述語文優勢」の傾向は、すでに「スル型言語とナル型言語の対立」（池上 1983, 2000）として、さらに、「SVO 型言語は人間名詞を主語と」し、「SOV 型言語ではモノ／コト名詞が主語になりやすい」という傾向は「人間中心表現と情況中心表現」（安藤 1986）などとして分析されているものとよく似ていると感じた方もいるだろう。しかし、上記表 2 の諸傾向に対する本稿の捉え方は、こうした諸先行研究の捉え方とは全く異なっていると考えている。その理由を以下に示す。

　西光（2004: 125–126）は次のように述べている。

31　本稿ではこの点について深く論じることができなかった。『語学研究所論集』21 号のデータ（対象言語は 22）では、目的語が対比焦点になっている場合に、名詞の側に何らかの標示を行う言語は 6 言語あったが、これらは全て SOV 型言語であった（風間 2016b: 21）。また 8 言語では述語の名詞化が起きるが、そのうち 2 言語が SOV 型言語であった（風間 2016b: 19）。ユカギール語や古代日本語における係り結び、ビルマ語における名詞文への投入、アルタイ諸言語に見られる形動詞述語文の発達、日本語における主題標示や人魚構文、などはいずれもこの傾向の現れであると考える。この点に関してはまた稿を改めて論ずることにしたい。

品定め文的判断を日本語は多用する。英語は日本語より他動詞構文の範囲が広い（いわゆる「する」型言語）。文化心理学の知見によれば、アジア的思考は周囲をよく見、なかなか行動に移らない。それに対して、ヨーロッパ的思考では狭い範囲に注意を集中し、行動に手早く移る。アジア的思考は相互依存的で、他人をよく観察する。ヨーロッパ的思考は独立的で、自らの考えを維持する。筆者は、最近の文化心理学での研究結果を参考に、英語は客観性が高く自己中心性が高いということが、上記の特徴を引き起こしていると結論づける。

安藤（1986: 274）は次のように述べている。

　前章において、言語類型学に言えば、英語は〈スル的〉な言語であり、日本語は〈ナル的〉な言語であるということを話題にした。本章で考察したいことは、そういう言語上の対立は、結局は、彼我の文化の型の違いに深淵するのではないか、ということである。

池上（2000: 4, 21）は次のように述べている。

　人間の言語は、認知の営みにおける人間の心の働きに認められる特徴性によって、その在り方に関して、おのずから一定の制約を課されるはずである。
　英語では〈場所の変化〉の動詞が、〈状態の変化〉に転用される（つまり、個体中心的な捉え方が本来そうでない分野にまで拡大される）傾向があるのに対し、日本語では本来の〈状態の変化〉の動詞が〈場所の変化〉に転用される（つまり、出来事中心的な捉え方の方が拡大される）傾向があるということを見た。

　上記のどの論考にも共通していることは、何かそれぞれの言語の話者の認知の仕方、捉え方、心の働き、思考、文化の型などというものが先にあって、これによって個々の言語の表現が決まる、と考えていることである。筆者にとってこうした考えは理解しがたい。例えば英語母語話者と中国語母語

話者とインドネシア語母語話者が、もしくは日本語母語話者とモンゴル語母語話者とヒンディー語母語話者が、それぞれ同じ文化や同じ認知の仕方によって表現を選んでいるとは思われない。本稿の 3.2 と 4.1.2 で見たように、英語も通時的にその表現の仕方を変えて来たのだが、それは英語母語話者の認知の仕方や思考が変化してきたためとも思われない。上記のような考え方は、もっぱら英語と日本語を問題にし、また通時的な変遷等にも注意を払わなかったために、他の言語や他の時代のその言語の状況を知らずに、日本語／英語といった一言語に観察される傾向の一部だけを特別視することによってできた考えではないだろうか。

　これに対して本稿で示した一連の傾向は、既述のように言語自体に内在し相互にそして内的に関連し合う諸特徴の束であって、他の特徴の存在から必然的に要請されるものとして別の特徴が起きているものと考える。すなわちある表現形態はあくまでもその言語全体のシステムの一端であり、機械的・構造的な理由から生ずるものであって、話者の認知の仕方や思考などによって左右されるものではないと考える。例えば、一貫した語頭アクセントを示すウラル諸語の影響によって、ゲルマン祖語においてアクセントの位置が前に移動し、これによって音的に弱化した語末の変化語尾が衰退した結果、SVO 語順を余儀なくされた、というような歴史上の偶然によって連鎖的に言語の一連の諸特徴がまとまって変化していく、というような一連の流れの結果と考えることができる。これは Sapir (1921) のいうドリフトと見るべきものかもしれない。

　ただし、本稿の提示する仮説が本当に通言語的に成り立つのか否かについては、今後さらに他の多くの言語について検討を重ねていく必要がある。本稿では、SVO 型言語の代表として主に英語、中国語を扱い、インドネシア語（オーストロネシア語族）やマテンゴ語（ニジェール・コンゴ語族バントゥ諸語）など他の地域で他の系統に属する SVO 型言語にも触れるよう努力した。オーストロネシア語族は約 1,200 の言語を擁し、バントゥ諸語の言語数は 700 以上ともいわれている。山本 (2003: 73, 84) によれば、バントゥ諸語は整合的 SVO 語順をとり、オーストロネシア語族の言語の基本語順は SVO

語順と動詞初頭語順に分かれるが、SVO はインドシナ半島、インドネシア、ミクロネシア、メラネシアの言語に多く分布しているという。語族内での差異があることは当然考えなければならないが、こうした大語族を含むいくつかの SVO 型言語が一連の類似した特徴を示すならば、ひとまず通言語的な仮説として有効なものだろうと考える。ただし類型論的な仮説として真に有効なものとするためには、むしろ小語族や系統的孤立語を含む他のたくさんの SVO 型言語についての検証を進めていく必要がある。他方で、SOV 型言語での状況ももちろん精査していく必要がある。

　本稿で示したいくつかの内的関連の仮説に関しても、5 節のものをはじめとして、なお「状況証拠」を提示するにとどまっている。これらの仮説が一つの問題提起となって厳しい御批判・御叱正がいただければ幸いである。もちろん筆者自身も今後さらに精緻な研究・論証を進めていきたいと考えている。

付記

　マテンゴ語に関して情報を提供して下さった米田信子氏、ならびにマレーシア語に関して情報を提供して下さった野元裕樹氏に深くお礼申し上げたい。本書の編集の先生方からも貴重なコメントをいただいた。記して心より感謝申し上げたい。ただし本稿における誤謬は全て筆者に帰するものである。他方、筆者の力不足が原因で、上記の先生方からいただいたコメントの多くを十分に生かすことができなかった。この点についてはお詫び申し上げたい。

参照文献

安藤貞雄（1986）『英語の論理・日本語の論理』東京：大修館書店.
降幡正志（2005）『インドネシア語のしくみ』東京：白水社.
Haspelmath, M., M. S. Dryer, D. Gil, and B. Comrie（eds.）(2005) *The world atlas of language structures*. Oxford: Oxford University Press.
Hopper, P. J. and S. A. Thompson（1980）Transitivity in grammar and discourse. *Language* 56: 251–299.
黄师哲(2004)「无定名词主语同时间论元的关系」『中国语言学论丛』3: 93–110. 北京：北京语言大学出版社.
池上嘉彦（1983）『「する」と「なる」の言語学：言語と文化のタイポロジー』東京：

大修館書店.
池上嘉彦（2000）『「日本語論」への招待』東京：講談社.
井上優（2012）「テンスの有無と事象の叙述形式：日本語と中国語の対照」影山太郎・沈力（編）『日中理論言語学の新展望② 意味と構文』1–26. 東京：くろしお出版.
亀井孝・河野六郎・千野栄一（編）（1996）『言語学大辞典第 6 巻　術語編』東京：三省堂.
片桐真澄（2004）「フィリピン諸語における主題：タガログ語の ang 句の主題性を中心に」益岡隆志（編）『シリーズ言語対照〈外から見る日本語〉第 5 巻　主題の対照』89–110. 東京：くろしお出版.
風間伸次郎（2015）「日本語（話しことば）は従属部標示型の言語なのか？：映画のシナリオの分析による検証」『国立国語研究所論集』9: 51–80.
風間伸次郎（2016a）「地域的・類型論的観点からみた無生物主語について」北海道大学大学院文学研究科北方言語ネットワーク（編）『北方言語研究』6: 81–110.
風間伸次郎（2016b）「[テーマ企画：特集 情報構造と名詞述語文] まえがき」『語学研究所論集』21: 17–44.
風間伸次郎（forthcoming）「言語類型論からみた日本語の格」木部暢子・竹内史郎・下地理則（編）『日本語格の表現』東京：くろしお出版.
北村甫・長野泰彦（1989）「IV. 現代口語チベット語」亀井孝・河野六郎・千野栄一（編）『言語学大辞典第 2 巻　世界言語編』766–783. 東京：三省堂.
Lambrecht, Knud（1994）*Information structure and sentence form: Topic, focus, and the mental representations of discourse referents*. Cambridge: Cambridge University Press.
Lambrecht, Knud（2000）When subjects behave like objects: An analysis of the merging of S and O in sentence-focus constructions across languages. *Studies in Language* 24（3）: 611–682.
Masica, C. P.（1976）*Defining a linguistic area: South Asia*. Chicago: University of Chicago Press.
松村一登（1988）「ウラル語族」亀井孝・河野六郎・千野栄一（編）『言語学大辞典第 1 巻　世界言語編』845–854. 東京：三省堂.
松浪有（編）（1986）『英語学コース [1] 英語史』東京：大修館書店.
宮岡伯人（1988）「エスキモ─語」亀井孝・河野六郎・千野栄一（編）『言語学大辞典第 1 巻　世界言語編』896–910. 東京：三省堂.
村田郁夫（1992）「リトアニア語」亀井孝・河野六郎・千野栄一（編）『言語学大辞典第 4 巻　世界言語編』760–768. 東京：三省堂.
中尾俊夫・児馬修（編著）（1990）『歴史的にさぐる現代の英文法』東京：大修館書

店.
Nichols, J., D. A. Peterson, and J. Barnes (2004) Transitivising and detransitivizing languages. *Linguistic Typology* 8: 149–211.
西光義弘 (2004)「英語のトピック構文」益岡隆志 (編)『シリーズ言語対照〈外から見る日本語〉第 5 巻　主題の対照』115–128. 東京：くろしお出版.
野田尚史 (1994)「日本語とスペイン語の主題化」『言語研究』105: 32–53.
野田尚史 (2004)「主題の対照に必要な観点」益岡隆志 (編)『シリーズ言語対照〈外から見る日本語〉第 5 巻　主題の対照』193–214. 東京：くろしお出版.
野元裕樹・アズヌール アイシャ アブドゥッラー (2016)「マレーシア語の焦点表現と名詞述語文」『語学研究所論集』21: 171–189.
大河内康憲 (1997)『中国語の諸相』東京：白帝社.
大木充 (1987)「日本語の数量詞の談話機能について」『視聴覚外国語教育研究』10: 37–67.
崎山理 (1990)「インドネシア語と日本語」益岡隆志 (編)『講座 日本語と日本語教育』12: 266–284. 東京：明治書院.
Sapir, Edward (1921) *Language: An introduction to the study of speech.* New York: Harcourt, Brace & World.
柴谷方良 (1990)「主語と主題」益岡隆志 (編)『講座 日本語と日本語教育』12: 97–126. 東京：明治書院.
田窪行則 (1984)「現代日本語の場所を表す名詞類について」『日本語・日本文化』12: 89–117.
寺崎英樹 (1998)「スペイン語」東京外国語大学語学研究所 (編)『世界の言語ガイドブック 1　ヨーロッパ・アメリカ地域』107–122. 東京：三省堂.
角田太作 (2009)『世界の言語と日本語：言語類型論から見た日本語　改訂版』東京：くろしお出版.
山本秀樹 (2003)『世界諸言語の地理的・系統的語順分布とその変遷』広島：渓水社.
米田信子 (2004)「マテンゴ語の主題」益岡隆志 (編)『シリーズ言語対照〈外から見る日本語〉第 5 巻　主題の対照』171–190. 東京：くろしお出版.
米田信子 (2012)「マテンゴ語 (N13)」塩田勝彦 (編)『アフリカ諸語文法要覧』241–251. 広島：渓水社.
早稲田みか・徳永康元 (1992)「ハンガリー語」亀井孝・河野六郎・千野栄一 (編)『言語学大辞典第 3 巻　世界言語編』361–371. 東京：三省堂.

『語学研究所論集』15, 18, 19, 21：
http://www.tufs.ac.jp/common/fs/ilr/contents/ronshuu.html

おわりに

「私たちの知らない〈日本語〉——琉球・九州・本州の方言と格標示——」という魅力的なタイトルのシンポジウムが、成城大学大学院文学研究科と国立国語研究所共同研究プロジェクト「日本の消滅危機言語・方言の記録とドキュメンテーションの作成」の共同で 2017 年 7 月に開催されました。その成果が論集として刊行されたことを、まず心から喜びたいと思います。

私たちは、〈日本語〉が音韻的にも文法的にも語彙的にも、また談話的にもバリエーションに富んでいることを経験的に知っています。誰に聞いても「日本には方言がたくさんあって、聞いても分からない方言もある」と言うでしょう。では、「日本にいくつの方言があるか、それぞれはどう違っているか」と問われたら、ほとんどの人が答えられないのではないかと思います。東条操は『日本方言学』(1953) の中で、本土方言を 21、琉球方言を 3 つに区分しました。しかし、これは枠組みをかなり大きくとった場合のことであって、実際には、方言の数はこれよりも大きな数値になります。たとえば、東条 (1953) では北海道方言が 1 つの区画となっています。しかし、北海道の中にもたくさんのバリエーションがあります。他の方言も同じです。そうすると、日本にいくつの方言があるのか見当もつかない、ということになります。じつは、これが現実なのです。

「それぞれがどう違っているか」ということになると、さらに回答が難しくなります。研究者でもなかなか答えられません。もちろん、これまで地理的なバリエーションや日本語の歴史に関する研究はたくさんあり、大きな成果を生んでいます。しかし、それらを総合して、また、外国の人にも理解できるような枠組みで〈日本語〉を考えることは、これまであまりありませんでした。2017 年のシンポジウムとその成果であるこの本は、それを目指したものです。「私たちの知らない〈日本語〉」というタイトルには、このようなメッセージが込められているのです。

私は 2010 年に国立国語研究所に赴任し、ユネスコ 2009 年の "*Atlas of the*

World's Languages in Danger"（世界消滅危機言語地図）のリストに載せられたアイヌ語や琉球・奄美・八丈などのことばの記録・保存・復興のプロジェクトを運営しています。その中で下地さんや竹内さんたちの研究に触れ、私自身、これまで知っているつもりでいた〈日本語〉のことを何も知らないということを実感しました。「知らない」ということを「知る」ところから、いろいろなことが始まるということを、本書を通じて読者のみなさんが経験してくださることを願っています。

2019年2月
国立国語研究所
木部暢子

索　引

A～Z
SOV 型言語 141
SVO 型言語 141
WH 応答焦点 68
WH 応答題述 113
WH 疑問 8
WH 題述 113

あ行
アスペクト接辞 45, 119
意志自動詞 46, 48
意志性 106, 138
意味役割 23, 67, 129
イントネーション 17, 78, 142
イントネーション句 86
イントネーション標示 67

か行
外主語 18
格配列 30, 38, 129
格変化 146
活格型 52
感情述語 161
基本語順 141
疑問詞疑問文 68, 114
逆受動 164
旧情報 113
現象文 16, 145
口語 6, 40, 134

項焦点 4, 68, 131, 170
項の語用論的性質 101
語順 42, 70, 148
語頭アクセント 172
語用論的役割 67
孤立型言語 163

さ行
三立型 52
自動詞分裂現象 37
品定め文 155
斜格 163
斜格主語 154
斜格主語構文 142
自由語順 142
主格 8, 103, 129, 163
主語焦点 4
主題 4, 67, 103, 130, 141
主題主語 2
主題標示 1
述語焦点 4, 41, 68
焦点 22, 41, 67, 130, 151
焦点化 10
焦点階層 13
焦点カテゴリー 68
焦点構文 4
情報構造 4, 67, 103, 142
所在文 148
新規導入 6

新情報 3, 45, 141
数 152
性 152
絶対格 164
絶対的有生性 43
ゼロ代名詞化 7
選好性 12
選択制限 72
総記 4, 80, 133
相互識別 55, 70, 138
阻害音 133
存現文 16
存在文 148

た行

題述 4, 103, 138
対格 8, 139, 160
対格型 1, 129
対比主題 7, 113
対比焦点 13, 68
対比題述 113
脱主題化 10, 68
脱主題化仮説 9, 61, 131
脱焦点化 131
他動性 19, 46, 137, 150
中立叙述 45
中心格 37
中立型 2, 164
中立叙述 1, 80, 133, 149
定 141
定冠詞 169
統語的配列 52
統語の役割 146

動作主性 19, 38, 77, 104, 135

な行

内在的主題性 20, 62, 132
内主語 18
二重主語 153
二重主語文 18
人称化 160
人称主語 160
人称制限 41
能格 154
能格型 52, 77

は行

ハダカ 5, 37, 70, 103, 131
非意志動詞 46
非主題主語 3, 45
非対格 150
非対格仮説 24, 101, 132
非対格性 23
非対格動詞 23
非能格 150
非能格動詞 23
複合述語 119
不定 148
不定冠詞 166
プロミネンス 92, 142
文焦点 3, 41, 68, 141
文法関係 67, 103, 129
分裂自動詞型 28
分裂自動詞性 15, 28, 46, 67, 130
分裂S型 53, 77
分裂能格性 129

ま行

無題文 145

鳴音 133

や行

有形格標示 13

有形標示 13, 37, 135

有生性 19, 42, 70, 106

有声性 133

有生性効果 70

有標主格 56

有標主格型 129

与格 153

ら

連濁 133

執筆者一覧 (論文掲載順。*は編者)

下地理則(しもじ・みちのり)*　　九州大学大学院人文科学研究院・准教授

坂井美日(さかい・みか)
　　　　　　日本学術振興会／国立国語研究所・日本学術振興会特別研究員

竹内史郎(たけうち・しろう)*　　成城大学文芸学部国文学科・准教授

松丸真大(まつまる・みちお)　　滋賀大学教育学部・教授

新永悠人(にいなが・ゆうと)　　国立国語研究所言語変異研究領域・特任助教

佐々木冠(ささき・かん)　　立命館大学大学院言語教育情報研究科・教授

風間伸次郎(かざま・しんじろう)
　　　　　　　　　　　東京外国語大学大学院総合国際学研究院・教授

日本語の格標示と分裂自動詞性

2019 年 3 月 28 日　　初版第 1 刷発行

編　者　　竹内史郎・下地理則

発行人　　岡野秀夫

発行所　　株式会社　くろしお出版
　　　　　〒 102-0084　東京都千代田区二番町 4-3
　　　　　TEL: 03-6261-2867　FAX: 03-6261-2879
　　　　　URL: http://www.9640.jp　e-mail: kurosio@9640.jp

印刷所　　シナノ書籍印刷株式会社

装　丁　　庄子結香（カレラ）

© Shiro TAKEUCHI and Michinori SHIMOJI 2019
　Printed in Japan　　ISBN 978-4-87424-793-8　C3081
乱丁・落丁はおとりかえいたします。本書の無断転載・複製を禁じます。